現場から問い直すNGOの存在意義

開発援助か社会運動か

定松栄一（元シャプラニール・ネパール駐在員）

コモンズ

図1　バルディヤ郡とシャプラニール／SPACE の活動地域

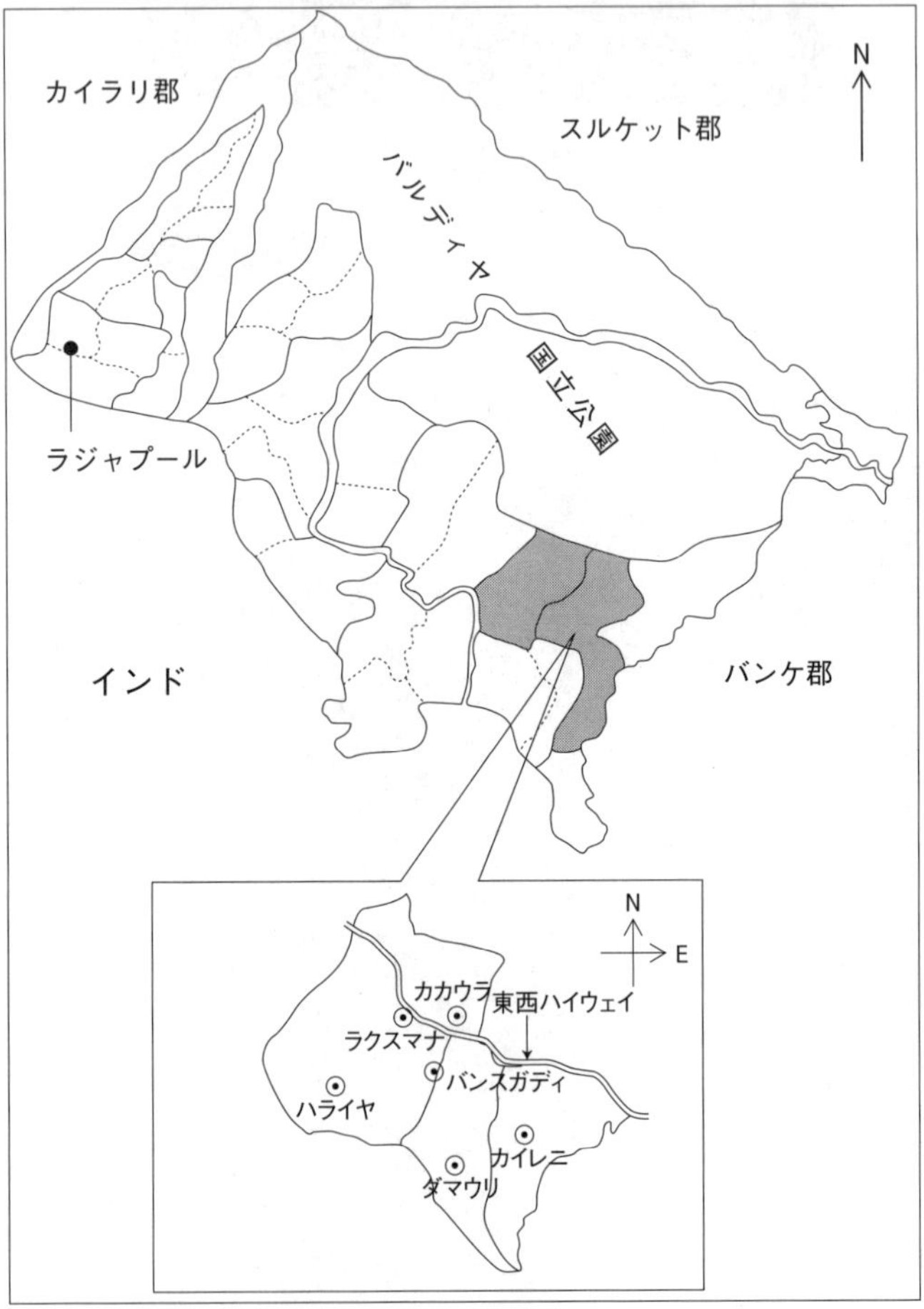

ネパー

第1章　ネパールの奴隷？　8

NGOの支援先の調査でネパールへ／三つの顔をもつ国／債務労働者になった先住民族タルー／タイムスリップした村／住民の意思を尊重？／地主主導の「住民グループ」

第2章　日赤からシャプラニールへ　21

海外協力の世界に入ったきっかけ／アフリカ救援の嵐のなかで／専門分野はなかったが、役割を見つける／機能しなかった「住民組織」／「意識化」と出会う／赤十字社に戻ったものの…／シャプラニールの活動を知り、興奮／転職を決意／活動現場を訪ねて見えてきたこと／新しい活動対象国

第3章　誰と組むか　45

再びネパールへ／叩き上げのNGO／エッセイの引き合わせ？／一日がかりでSPACEの活動地へ／貧困の原因は何か／住民グループはどのようにできたのか／住民グループに聞く／ケシャブとカマイヤ

第4章　カマイヤの実態と土地獲得運動　72
ラジャプールでの挫折／困難を乗り越えてまとめられた調査報告書／恐るべき実態／不可解な事実／土地を獲得したカマイヤ／死傷者が出たカナラ運動／解決に向けた政府の動き

第5章　住み込み調査開始　90
東京の反応／突然の結婚／住民が主体となる識字教育の手法／カナラ運動のリーダー／調査の骨格を決める／当初は途方に暮れたメンバーたち／徐々に信頼を勝ち得ていく／黒板を自ら作った女性たち／教科書のない識字学級／寝耳に水／発病そして一時帰国

第6章　提出された報告書　115
適切だったネパール人医師の処置／カマイヤの起源とタルー社会の共同生産の仕組み／ネパール統一の歴史とタルー／土地を奪われたタルー／変質したカマイヤの概念／再定住運動が成功した理由／調査結果が意味するもの

第7章　暗　転　130
物別れに終わった交渉／ラメッシュの反発／直接交渉／一時撤退／ＳＰＡＣＥからの糾弾

第8章　見えてきた方向性　148
ＳＰＡＣＥへの反論／私たちに非はなかったのか／再定住民に生まれた三つの階層／住民との分かち合いに向けて

第9章　つぶしかけた現場からの声　163
調査者から支援者へ／活動地域を変更して試験プロジェクトを開始／教科書を望んだ住民たち／ジャガッドの疑問やコンサルタントの警鐘を無視／崩れたシナリオ／魔の三カ月と食糧購入ローン／仲間でつくる基金／住民には何が問題だったのか／最初の実り／事務局長の困惑と確信／計画の変更／住民自身によるステップアップ

第10章　成功？　それとも失敗？　193
五年ぶりの日本で消耗／カマイヤの解放と、私のとまどい／ＮＧＯの役割と「政治的中立」／成功？ それとも失敗？／「住民主体の開発」を見直したい／住民たちがグループづくりを担う動き／混沌とした土地獲得運動／改めてＮＧＯの役割を考える／再訪した村での語り合い／援助が規定する関係性／もうひとつの意外な知らせ

第11章 「開発プロジェクト」を超えて 217
プロジェクトからアドボカシーへ／リスクを引き受けられるか／どうやって行動を起こすか／カマイヤ自身による請願書の提出／郡庁そして首都、国会へ／八〇〇〇世帯が再定住用の土地を確保／私たちは正しかったのか

第12章 ＮＧＯの存在意義を問い直す 233
いまも続く土地獲得運動／「理解」と「感じる」の違い／貧困問題と人権は切り離せない／市民による「人道的介入」／ＮＧＯの存在意義／もっとも大切な二つの問い／どのような関係が求められているのか？

あとがき 253

装丁・林佳恵

開発援助か社会運動か

第1章　ネパールの奴隷？

NGOの支援先の調査でネパールへ

「カマイヤ」と呼ばれる「奴隷」がネパールにいることを私が知ったのは、一九九四年三月にこの国を初めて訪れたときである。

当時、私はシャプラニール[1]という日本のNGO（Non－governmental Organization＝民間援助団体）の職員をしていた。シャプラニールは七二年の創立以来、二〇年以上にわたってバングラデシュ一国のみで活動していたが[2]、このころになって活動対象国をもう一つ増やそうという話が持ち上がり、その候補となったネパールの調査にやって来たのだ。

シャプラニールが新たな支援先としてネパールを候補に考えたのは、おもに次の二つの理由だった。ひとつは、世界に数ある発展途上国のなかでもバングラデシュと並んで経済的にもっとも貧しい国であったこと、もうひとつは地理的に南アジアに位置していて言葉やライフスタイルの面でバングラデシュと共通性があり、これまでの経験を活かせるのではないか、ということである[3]。

とはいえ、調査といってもどこから手をつけていいのか見当がつかない。そこで、バングラデシュでシャプラニールと親しい関係にあったＳＡＰ《サップ》（South Asia Partnership）[4]に協力を求めた。カナダのＮＧＯであるＳＡＰはネパールでも活動していたからだ。私は首都カトマンズにある事務所に連絡を取り、彼らの活動地の一つであるバルディヤ郡を訪ねることにした[5]。まずはＮＧＯの活動現場をこの目で見たいと思ったのだ。

三つの顔をもつ国

バルディヤ郡はカトマンズの西方約六〇〇㎞の平野地帯に位置している。カトマンズから双発のプロペラ機で一時間ほど飛んでネパール西部の代表的な商業都市ネパールガンジに向かい、そこから幹線道路を車でさらに西へ約一時間は走らなければならない。

ネパールは国土全体が北から順に東西の帯状に、山岳地帯、丘陵地帯、平野地帯の三つに分かれている。ネパールガンジに向かう空の旅は、初めてネパールを訪れた私にとって、この国の地勢を理解するうえで格好のものとなった。

飛行機が空港から西に向かって飛び立ち、一面緑の田畑が広がるカトマンズ盆地の外に出ると、それまでの景色とは打って変わり、赤茶けた急峻な山並みが視界に入ってくる。山の斜面は麓から頂までほとんどすべてが棚田や段々畑に開墾されており、森林はごくまばらにしか見えない。集落は、日本の山村と異なり、斜面の麓ではなく中腹から頂にかけて点々と散らばっている。このあたりは丘陵地帯（標高六一〇m以上四八七七m未満で、国土全体の四二%を占める）に属しており、気候が温暖で人口がもっとも多い。

しばらくすると、今度は北側に、白く輝く雪をいただいた峰々が上空にポッカリと浮かぶように見えてくる。私たち日本人が「ネパール」と聞いて最初に思い浮かべるのが、このヒマラヤの景色だろう。だが、ヒマラヤを含む山岳地帯（四八七七m以上）は、実はネパールの一部（国土の三五%）でしかない。ヒマラヤの向こう側は、もう中国のチベット自治区だ。

カトマンズを出発して四〇分ほどたち、飛行機が南に進路を変えて高度を下げ始めると、山並みの起伏が次第になだらかになり、やがて眼下に一面緑のジャングルが広がる。これが「タライ」と呼ばれる平野地帯（標高六一〇m未満、国土の二三%）で、南側はインドと国境を接している。政府によって管理される大きな国立公園もあり、トラやサイなどの野生動物が保護されている。

北は中国（チベット）、南はインドというアジアの二大国に挟まれ、山岳地帯・丘陵地帯・平野地帯の三つの顔をもつ国、それがネパールなのだ。

債務労働者になった先住民族タルー

ネパールガンジ空港に着き、飛行機から外に出た途端、カトマンズの涼風とは対照的な熱風が顔に吹きつけてきた。気温は軽く三〇度を越えているだろう。車で迎えに来てくれたSAPの男性スタッフであるコジュ氏は、推定年齢五〇歳前後。前の職場で日本人と働いた経験があるとかで、開口一番「オハイオゴザイマス！」と元気に挨拶してくれる。こちらも「ナマステ！」と片言のネパール語を交えて挨拶を返し、さっそくバルディヤ郡に向かった。

飛行機から眺めたときは緑の印象が強かったタライだが、バルディヤ郡へ向かう真っ直ぐな舗装道路の左右に広がる田畑は、農閑期のためか作物が栽培されている様子はない。乾燥して白茶けた藁が、ところどころにうず高く積み上げられているばかりである。遠くのほうに小さく点々と見える農家の壁も、白茶けて見える。

SAPはこのバルディヤ郡で、一七の集落、約八五〇〇人を対象に活動していた。なかでも彼らが力を入れて取り組んでいるのが、タルーと呼ばれる先住民族への支援活動だった。事務所に着くと、コジュ氏が次のようなメモを渡してくれた。

タルーはネパール平野地帯の先住民族である。バルディヤ郡に丘陵地帯から人びとが移り住んだのは、政府がマラリアを撲滅し、土地改革プログラムを実施した六〇年代以降だ。政府が丘陵地帯の人びとに対し、ネパールでもっとも肥沃で緑豊かな平野地帯への移住を奨励する政策を取ったからである。現在でも、バルディヤ郡の人口の六〇％はタルーが占めている。

タルーは非常に素朴、誠実かつ勤勉な民族であり、ほとんどが農民だ。しかし、非識字者でもある。彼らは他の民族とは異なる独自の信仰や文化をもち、中央政府の定めたルールにはなじまない。

タルーが切り開き、耕してきた肥沃な農地のほとんどは、いまでは、丘陵地帯から移住してきた人びとの手に渡ってしまっている。土地を失い、その同じ土地で小作人として働いているのだ。現在、彼らの多くは債務労働者になっており、非常に貧しく、虐げられている。債務労働者になると、その家族全員が地主の下で働かなければならなくなる。男性も女性も、おとなは農地で働き、子どもは家事、家畜の世話、薪集めに従事しなければならない。

このようにタルーは声なく、土地なく、金なく、そして無力な人びとである。もっとも悲しむべきは、彼ら自身がおかれている状況を運命として受け入れてしまっていることだ。自分たちの生活がいまよりよくなることなどあり得ないと思っているのである。

一方、丘陵地帯から自分たちの運だめしのためにこの地に移住してきた人びとのなかにも、ごくわずかではあるが、同様な搾取の罠にはまってしまったケースがある。

これらの貧しい人びとがＳＡＰの支援対象となっている。その目的は啓蒙、教育、収入向上、環境保全などの活動を通じて、彼らが社会的・経済的に生活を向上させることにある

このとき初めて私は、タルーという先住民族がバルディヤ郡に住んでいることを知ったのだが、このメモだけでは実際に彼らがどのような状況におかれているのか、よくわからない。そこで、私はコジュ氏に質問してみた。

「このメモにある債務労働者とは、どういう意味ですか」

「そこにも書いてあるように、タルーの多くは現在、地主の土地で小作人として働いていますが、受け取る報酬が少ないので、それだけで暮らしていくのは困難です。日ごろから貯えがないために、家族の病気や結婚式や葬式などでどうしても現金が必要になったときは、地主から借りるしかありません。ところが、もともと利子が非常に高く設定されているうえに、タルーが読み書きできないことにつけ込んで地主が借金の額を不当に操作するので、すぐに負債が一生働いても返せないほどに膨らんでしまうのです。父親や祖父の代から借金を引き継いでいるケースも珍しくありません。こうなるともう奴隷といっしょで、実際、地主の間で売買されることすらあります。こうした債務労働者のことを、この地方ではカマイヤと呼んでいます」

奴隷？　この現代にいまだに奴隷制度が残っていると言うのか。突然そんな話を聞かされても、私はにわかには信じがたかった。それに、そのカマイヤと呼ばれる債務労働者が本当に奴隷状態にあるならば、絶えず地主の厳しい監視の下におかれているはずだ。ＳＡＰはいったいどうやって、そのような人びとを支援しているのだろうか……。

地平線のはるか彼方まで広がるタライ平野の風景と同様、いやそれ以上に、カマイヤは、それまで私が日本で抱いていた「白きヒマラヤの麓、心やさしき人びとが暮らす平和な国」というネパールのイメージから、あまりにもかけ離れていた。

タルーの村では牛車がもっとも一般的な輸送手段。車輪は木製だ

タイムスリップした村

事務所で一とおり説明を聞いた後、私はコジュ氏の案内でまずSAPの活動地域内にあるタルーの村を訪れる。そこに入った途端、私は何となく大昔にタイムスリップしたような錯覚に囚われた。というのも、家の壁、屋根、桶、椅子など目に入るものすべてが粘土や木や藁で作られていて、プラスチックや金属製品はほとんどなかったからだ。それだけではない。電気やガソリンで動くものもほとんどない。荷物は木の車輪をつけた牛車で運ばれ、脱穀は足踏み式の道具で行われていた。

タルーの暮らしの最大の特徴は住居だ。縦は一〇m近く、横は優に三〇m以上もあろうかという細長い家に、三世代以上が一つ屋根の下で暮らしていた。家の中は壁がまったくなく、代わりに横に並べられた大きな壷で空間が仕切られている。その仕切られた一つ一つのスペースが、核家族単位の生活空間として割り当

タルーの住居の内部。壁がなく、横に並べた大きな壷で空間が仕切られている

てられているらしい。

そこで暮らす人びとは、ネパールの平野地帯で多数を占めるアーリア系民族とは異なり、かといって丘陵地帯や山岳地帯に多いモンゴロイド系民族でもない。褐色の肌に横長で丸い鼻と大きな目が印象的な、独特な顔立ちをしていた。

住民の意思を尊重？

ＳＡＰのバルディヤ郡での活動は、次のような手順で進められていた。まず事前に、スタッフが活動地域内の一七の集落をすべて調査し、リーダーになりそうな青年を計二五人選び、フィールドワーカーとしてのトレーニングを一七日間行う。その後、フィールドワーカーは自分の出身集落に帰り、住民会議を四日間開いて、それぞれの集落で何が必要かを話し合う。そこでやると決まったことについて、住民は労働力を提供したり関係する役所から予算を引き出すべく交渉をし、それでも足りない分についてSAPが上限三万ルピー(6)までの資金援助をする。

実際に活動地を訪れてみて驚いたのは、住民が取り組んでいる活動が集落によってまったく異なることだった。こちらでは村道修理、あちらでは学校建設という具合で、そのほかにも手工芸品製作、成人識字学級、植林、バイオガスプラント(7)の設置など、実にさまざまな活動が行われていた。コジュ氏に聞けば、これは「住民が優先的に取り組むと決めたことをSAPが最大限尊重しているためだ」と言う。

シャプラニールが当時バングラデシュで行っていた貧しい農民への支援活動も、「住民主体」を謳ってはいた。だが、実際にはスタッフの助言によって、ある一定の枠組みに沿う形で進められる場合がほとんどだった。たとえば、最初は住民によるグループ貯金から始まり、次にその貯金を元手にした小規模な収入向上事業が行われる。そして、グループ結成後一年くらい経つと成人識字学級が導入され、そこで学んだ保健衛生の知識を実践するためにトイレや井戸の設置が開始される。それだけに、あくまでも住民の意思を尊重するSAPのやり方に私は強い印象を受けた。

「しかし」と、私は一方で思った。シャプラニールのやり方とは、もう一つ大きな違いがあった。それは、シャプラニールがバングラデシュでもっとも貧しい「土地なし」と呼ばれる日雇い農業労働者だけが参加するグループをベースに活動していたのに対して、SAPは集落の全世帯が参加する住民会議に意思決定をさせていたことである。

バルディヤ郡をはじめとする西部平野地帯では、同じ集落内でも住民間の貧富の格差が著しいと聞いていた。カマイヤ問題の背景にもまさしくそれがあるのではないかと思われた。「奴隷状態におかれている」と言われるカマイヤたちが、本当に「村道修理」や「学校建設」を優先度の高い活動として取り上げたのだろうか。その点をコジュ氏に確認すると、「それは村の有力者の意見が強かったので……」と言葉を濁す。そして、こう説明した。

「カマイヤは自分たちだけで何かを決めたことがないので、彼らだけのグループをつくって活動しようとしてもむずかしい。むしろ最初は集落全体から入って、徐々にカマイヤに近づくほうが現実的だと考えた」

地主主導の「住民グループ」

SAPは、住民会議とフィールドワーカーとが協力して活動を進めていくなかから、やがては外部からの支援なしでも活動を続けていくだけの力をもつ住民組織が生まれることを期待していた。その前段階として、すでにいくつかのグループが活動を始めているという。その一つが上演する村芝居を、私は見学させてもらった。一本の木とそれを切り倒そうとする男との対話を中心に展開し、それにさまざまな立場の村人たちや政府、NGO役の出演者が絡んで、最終的には森林保全の必要性を観衆に訴える芝居だった。

村芝居を通じて住民が地域の問題を考えるきっかけをつくるという活動は、シャプラニールもバ

タルー出身の住民も出演した村芝居。中央に立っているのが「木」に扮した男性

ングラデシュで行っていた。芝居に出演した村人たちの演技のうまさに驚かされたという話を、私は元駐在員から聞いたことがある。ネパールの村人たちも負けてはいない。名演技の続出に観衆は大いに湧いた。出演者のなかにはタルーの男性や女性もいた。カマイヤとして働いている者も混じっているらしい。「最初は集落全体から入って徐々にカマイヤに近づく」というSAPの戦略はそれなりに功を奏しているのだろうか。

だが、芝居が終わった後で、このグループのリーダー自身がカマイヤを六〇人も使っている大地主だと知らされ、さすがに私は考え込んでしまった。要するに、ここでは地主から了解を得られ、地主自身にも何らかの利益がもたらされる活動でなければ、できないらしい。そのような活動が、果たしてカマイヤ問題の解決につながるのだろうか。コジュ氏は「村芝居に出ていたカマイヤの女性は、以前とは比べものにならないくらい活発になった」と言うのだが……。

このときは、別のＮＧＯの活動地を訪問する予定が後に組まれていたせいもあって、バルディヤ郡には二日間しか滞在できなかった。したがって、カマイヤが実際にどのような状況におかれているのかについては、いま一つよくわからないままに終わる。しかし、ＳＡＰの支援で開設された夜間識字学級を見学した帰り道、真っ暗闇の向こうから聞こえてきたゴトン、ゴトンという杵で籾をつく音は、早朝三時から夜九時まで毎日一八時間働かされると言われるカマイヤの境遇を象徴しているように思われ、いつまでも私の耳について離れなかった。

（1）正式名称「シャプラニール＝市民による海外協力の会」。二〇〇一年にＮＰＯ法人となり、バングラデシュとネパールの二カ国で開発協力活動を行う。

（2）シャプラニールのバングラデシュでの活動の内容や特徴については、第2章を参照。

（3）シャプラニールが新たな活動対象国の候補をしぼりこんでいった際の詳しい経緯や判断基準については、第2章を参照。

（4）South Asia Partnership（南アジアパートナーシップ）は、南アジア地域への支援を目的にカナダの二五のＮＧＯによって合同で設立された助成財団。バングラデシュ、インド、ネパール、パキスタン、スリランカの五カ国で現地ＮＧＯへの資金援助を中心に活動している。ＳＡＰ・バングラデシュの事務局長、ヌルル・アロム氏が古くからシャプラニール・バングラデシュ事務所のアドバイザーであったことから、彼を通じてSAP・ネパールへの紹介を依頼した。SAP・ネパールは一九八五年にカナダ籍の国際NGOとして設立されたが、現在はネパール籍の現地NGOとしてネパール政府に登録されている。活動地域はネパール全域にまたがり、バルディヤ郡では複数の現地NGOへの資金援助を行うほか、カマイヤを対象とした地域開発プロジェクトを独自に実施していた。本部はカトマンズにある。

（5）　このバルディヤ郡訪問の時点から、私のほかにシャプラニール東京事務所の職員二名が調査に合流した。

（6）　当時のレートが一ルピー＝二円程度なので、三万ルピーは約六万円に相当する。なお、当時のネパール政府公務員の初任給が月五〇〇〇ルピー程度、米一kgの値段が一五ルピー程度であった。

（7）　家畜や人間の糞から出るガスを燃料として使用するための設備。

第2章　日赤からシャプラニールへ

海外協力の世界に入ったきっかけ

ネパールでカマイヤの存在を初めて知ったとき、私は海外協力の仕事を始めてちょうど一〇年が経っていた。といっても、この間ずっとシャプラニールだけで仕事をしていたわけではない。

いまでこそ新卒予定の学生が就職活動でＮＧＯの事務所を訪ねることも珍しくなくなったが、私が大学を卒業した一九八四年当時は、ＮＧＯはおろかＯＤＡ（政府開発援助）や国連も含めて「海外協力」という分野自体が就職先としてはまだほとんど認知されていなかった。かくいう私も、別に学生のころから海外協力の仕事に就くことを夢見ていたわけではない。最初に就職した日本赤十字社（以下、日赤）でたまたま外事部（現在は国際部）に配属されたのが、この世界にかかわるきっかけになった。

私が就職先を探すにあたって考えたのは、大学で英語を専攻したのでゆくゆくは海外で働いてみたいということと、自分が社会の役に立っているとはっきり実感できる仕事をしたいということくらいだった。もっとも、だから私が学生時代からボランティア活動などに熱心だったかというと、まったく違う。私と海外協力のかかわりは、「人助け」よりは「自分が食べていくための仕事」としてスタートしている。

アフリカ救援の嵐のなかで

日赤で最初にやった仕事が「アフリカ干ばつ救援募金」の帳簿付けだったのは、その後の展開から考えると、きわめて象徴的である。当時のアフリカでは二年続きの干ばつのために、各地で未曾有の大飢饉が発生していた。八三年七月にＢＢＣ（イギリス国営放送）がエチオピア北部の飢饉をショッキングな映像とともにスクープしたのがきっかけとなり、その後は世界をあげてアフリカ救援キャンペーンが広がっていく。マイケル・ジャクソンをはじめとするアメリカの有名歌手たちがアフリカ救援チャリティのために「ウィー・アー・ザ・ワールド（We are the world）」というレコードを共同制作し、大ヒットしたのも、このころだ。

日本でも、『朝日』『毎日』『読売』の三大紙がこぞってアフリカ飢餓の連載企画を組み、募金キャンペーンを開始すれば、テレビも負けじとＮＨＫが特別番組を制作し、「海外たすけあい」への協力を訴えた。そして、これらのメディアに日本全国から寄せられた募金の大半が日赤に寄付されたのだから、その金額たるや何十億円という莫大なものである。

当時、人件費を除いた日赤の自前の海外救援予算はせいぜい一〇〇〇万円程度でしかなかったから、職員一人あたりの仕事量の増え方は凄まじかった。新入りの私といえども、のんびり帳簿付けだけをやっていることは許されない。いきなり億単位の金を任され、右も左もわからないまま救援物資の買付け、医療班の派遣、救援機のチャーターと、文字どおり駆け回ることになった。さすがに私にはまだ現地に行くチャンスは与えられず、国内での裏方に徹するほかなかったが……。

こうして瞬く間に二年間が過ぎる。八六年に入ると、アフリカの飢饉はようやく終息に向かう。そして、私が支援を担当していたエチオピアでは、スウェーデン、西ドイツ（当時）、日本の三カ国の赤十字社による共同支援で、「災害予防プロジェクト[1]」という新しい活動が始まろうとしていた。エチオピアでは大飢饉以前から干ばつ災害が頻発しており、その背景には森林伐採や土壌流失による農地や牧草地の生産性の低下があると考えられていた。要するに、干ばつという自然災害にも人為的な要因があり、それに対処しないことにはエチオピアは近い将来再び飢饉に見舞われる可能性が高いのである。そこで、将来の干ばつ災害の予防を目的として、植林や土壌保全を中心とする農村開発プロジェクトを五年間にわたって実施することになった。

この話を聞いたとき、私は即座に「自分が現場でかかわるならこれしかない」と思った。というのも、過去のファイルを見て、数年おきに同じような救援活動がエチオピアで繰り返されていた事実を知り、もう少し根本的に事態を改善する方法はないかと考えていたところだったからだ。

「これまではもっぱら人や物を送り出す裏方の仕事ばかりだった。今度という今度は、ぜひ現場に行かせてほしい」

私は上司に訴えた。幸いこの上司が理解のある人で、八六年五月から希望どおりエチオピアに派遣されることになった。

専門分野はなかったが、役割を見つける

このプロジェクトは、植林や土壌保全に加えて農業や地域保健なども含む全一一部門からなる総合農村開発プロジェクトで、対象地域はエチオピア北部ウォロ州内の二つの郡、面積にして東京都の約二倍という大規模なものだった。赤十字社はそれまで農村開発を手がけた経験がなかったので、エチオピア政府との共同事業という形を取り、現場での活動はもっぱら農業省と保健省の郡事務所が担当。それをスウェーデン、西ドイツ、日本、エチオピアの四カ国の赤十字社から参加した代表や技術専門家が支援した。

四カ国の赤十字社の代表によって構成される「モニタリング・チーム」の一員として、プロジェクトの実施状況を定期的に現場でチェックするのが私の仕事だった。ところが、エチオピアに来て早々、私は「自分には専門分野がない」ということに気がつき、愕然とする。他の三カ国から参加している代表たちはいずれも農業、林業、水利開発などの分野で二〇年以上の経験をもつベテランばかりだった。一方、私は大学を卒業して二年しか経っておらず、専攻も農村開発とは何の関係もない英語学である。しかも、その英語すらチームメイトのなかで一番下手くそという、まったくもって情けない状況なのだ。

「これしかない」と勇んでやって来たものの、現場では自分が何の役にも立たない素人でしかない事実に、私は打ちのめされた。最初は、何度日本に逃げ帰りたいと思ったか、わからない。それでも、次第に現地での生活や仕事に慣れるにつれて、何とか自分の役割をつくっていけるかもしれないと感じるようになった。

その理由のひとつは、チームのなかで私だけが赤十字社の常勤職員だったことにある。他の三カ国の代表たちはプロジェクト期間に限ってそれぞれの国の赤十字社と契約を結んでいる嘱託職員だった。彼らは農村開発の専門家にはちがいない。だが、プロジェクトを従来の赤十字社の活動とどのように結びつけたらよいかという視点からの発想には乏しかった。その点で私は何らかの貢献ができるのではないかと思ったのだ。

もうひとつは、活動現場で過ごす時間の長さにあった。スウェーデンと西ドイツの代表は本国との調整業務のために月のうち約半分を首都アジスアベバで過ごさなければならなかった。これに対して、私は毎月一回日赤に報告書を送る以外は、もっぱらウォロ州の活動地に滞在することが可能だったのである。これといった専門分野がないのなら、誰よりも多くの時間を現場で過ごし、活動の実態について精通することでアイデンティティを確立できるのではないかと、考えた。

こうして、自分の父親と同じ歳くらいのエチオピア赤十字社代表の後にくっついて村回りをする日々が始まる。

エチオピアで村回りをする筆者(左から2番目)〈撮影：ゲタフン・テベジェ〉

機能しなかった「住民組織」

村回りをするようになって次第にわかってきたのは、このプロジェクトが住民の生活環境に大きな変化をもたらすものであるにもかかわらず、当の住民はプロジェクトの内容をほとんど知らされておらず、意見を表明する機会も与えられていないということである。もっとも、このころまでにはエチオピアでも、従来のように政府の上層部だけが決めて住民に一方的に押し付けたのでは活動が定着しない、という問題意識は生まれてきていた。そこで、このプロジェクトでは、トレーニングとフード・フォア・ワークという二つの方法によって住民のプロジェクトへの参加を図ろうとしていた。

このうちトレーニングは、各村から数人単位で選ばれた住民に環境保全などに関する知識を学んでもらい、それを自分の村に持ち帰って周囲の住民に伝えてもらおうというものだった。フード・フォア・ワークは、その知識を活かして住民が実際に作業に参加するための手段である。植林などの作業を行う場合に、その労働対価として食糧を支給するのだ。こうしたステップを踏むことによって、やがては住民も環境保全や植林がなぜ必要なのかを理解し、プロジェクト終了後も自主的に活動を続けるようになると期待されていた。

ところが、実際に現場を回ってみると、トレーニングでせっかく教えた知識が周囲の住民にはあまり広まっていない。フード・フォア・ワークに至っては、住民は食糧がもらえるから参加しているのであって、食糧の配給なしにはまったく作業に加わろうとはしなかった。なぜ環境保全が必要なのかや、どこでどんな活動をするかについて、プロジェクトが住民と前もって合意形成をしていないからだろう。

「だめだ、このままではプロジェクトは地域に定着しない」

そう思った私は、住民がプロジェクトに対して直接意見を述べたり自主的に活動に参加できる場をつくろうと試みた。私が考えたのは、現地の赤十字社がもっているネットワークの活用である。エチオピア赤十字社ウォロ州支部（以下ウォロ州支部）は以前から、州内の学校を拠点にして「青少年赤十字」と呼ばれる子どもグループをつくったり、地域のおもだった人びとから構成される「赤十字委員会」を結成して、救急法の普及などを行っていた。そこで、これらの場を活用して、住民からプロジェクトに対する意見を言ってもらい、実際の活動にもこうした地域のグループ単位で参加してもらってはどうかと考えたのだ。

私は通常の仕事のかたわら、ウォロ州支部のスタッフからプロジェクト地域内の青少年赤十字や赤十字委員会の現状について聞き取り調査を始めた。その結果、州都デシーをはじめとするいくつかの都市部を除き、農村部ではこうした組織ができていないか、あっても予算不足などからほとんど機能していないことがわかった。

そこで、ウォロ州支部と協力して、青少年赤十字や赤十字委員会を今後プロジェクト地域内のどこにいくつつくれそうか、また既存の組織についてはその活性化のためにどのような支援が必要かを調べ、向こう三カ年の支援計画書をつくった。最終的にこの計画書はモニタリング・チームの共同提案として採用され、プロジェクトには新たに一二番目の部門として「赤十字開発」が付け加えられることになる。自分がようやく一つの仕事をなしとげたように思えて、私はうれしかった。

だがその後、実際に村を訪ねてみると、住民が集まってプロジェクトについて話し合ったり、活動に参加した形跡は、まったく見られなかった。ウォロ州支部から提出される報告書の紙の上では、いくつもの青少年赤十字や赤十字委員会が結成されたことになっているにもかかわらず……。モニターとしての立場上、私は自ら現場に出向いてこれらの組織づくりの陣頭指揮を取ることはできなかったし、仮にできたとしても当時の私にはどうしたら本当に住民が参加できる組織をつくれるのかわからなかった。やがて、二年間の任期は終わってしまう。

「意識化」と出会う

煮え切らない思いを抱いて日本に帰国した私は、このときの問題をもっとよく考えてみたいと思い、二年後の九〇年に再び上司に頼み込んで、一年間イギリスに留学した。イギリスでは、発展途上国の開発問題を総合的に研究する「開発学」という学問が発達していたからだ。留学先は、マンチェスター大学の教育学部にある成人高等教育センター。「農村開発における住民組織」という、そのものズバリのタイトルのコースが設けられていたのが、ここに決めた理由だった。

開発学では、経済学や社会学の理論が応用される場合が多い。だが、私が選択したコースは、開発の問題を「成人教育」という切り口から捉えていた点に特徴があった。ここで私は、住民の組織づくりには「意識化（conscientization）」と呼ばれる手法が有効であることを学んだ。この手法については、その手順を具体的に説明したほうがわかりやすいだろう。

プロジェクトを始めるのに先立って、外部の人間（援助を提供しようとする側）はまず村に出かけて行き、村人がなるべくリラックスできる場所や時間を選んで、彼らが日常の生活でどんなことを問題だと感じているかを聞き出す。この段階では情報の収集に徹し、村人の知識や考えに明らかに誤りがあると思われる場合でも反論したり直したりしない。また、村長や学校の先生など村の顔役だけでなく、女性や子ども、低い階層の人、貧しい人など、ふだんあまり意見を聞かれることのない人たちにも、個別にインタビューする。

それから外部の人間はいったん事務所に戻り、ある架空の村についての物語をつくる。そのなかには、村人たちから聞いた話をもとに、彼らが問題だと感じている事柄についての話題をいくつか挿入しておく。物語ができたら再び村を訪れ、村人に集まってもらい、物語を話して聞かせた後、次のような一連の質問をしながら村人たちと話合いを進めるのだ。

①この物語で話されたことは、皆さんの村でも起こり得ると思いますか。
②この村での問題は何ですか。
③なぜ、そのような問題があると思いますか。
④その問題は、どうしたら解決できると思いますか。
⑤その問題を解決するため、皆さんは力を合わせてどんなことができると思いますか。

このような話合いを経ることによって、住民たちは身近にある類似の問題を解決すべく自らの意志によって組織をつくる、とされた。たとえば、こんな具合に。

「そう言えばこの村でも最近周辺の木が少なくなり、それにつれて井戸の水の出も年々悪くなってきている。おかげで乾季になると水が足りなくなるので、ここ数年は農作物のでき具合が芳しくない。それに、薪を集めるのにも以前より遠くまで出かけなければならなくなってきた。ここはひとつ役場に掛け合って苗木を安く提供してもらい、皆で協力して村の共有地に植林を始めよう」

相手がよく知っている問題をあらかじめ物語や絵、演劇などを用いて提示し、それについて一連の質問を投げかけるというこの方法は、ブラジルの教育学者パウロ・フレイレが提唱したものだ。フレイレは長年の成人識字教育の経験から、読み書きができないおとなに文字を教える場合、ただ機械的にアルファベットを教えるのではなく、彼らが日常生活で強い問題意識をもっている事柄を調べ、それに関連する単語を素材に話し合いながら授業を進めると、非常に効果があることを発見した。

フレイレはこの経験をもとに、教育には教師が生徒に一方的に知識を詰め込もうとする「預金型教育（banking education）」と、教師が生徒に問題を投げかけて生徒と対話しながら進める「問題提起型教育（problem－posing education）」とがあり、生徒の自発性や主体性を引き出すには後者によらなければならないと主張した。そして、この問題提起型教育によって「人びとは受け手ではなく主体として、自分たちの生活を形づくっている社会的な現実とその現実を変革する能力が自らの内に存在することについての意識を深めていく(2)」、つまり「意識化」されるというのである。

ともに住民の開発への参加をめざしていながらも、私のエチオピアでのやり方とフレイレが提唱した方法では大きな違いがある。私の場合、住民が開発に参加するためには何らかの組織が必要になるという判断まではよかったのだが、住民との話合いをしないうちに形としての組織だけを先につくろうとしてしまった。私たちがあらかじめ決めた活動に住民を動員するための道具としてしか、組織の役割を考えていなかったからだ。

これに対してフレイレの方法では、「物語」に出てきたどの問題を取り上げるかは住民が決め、その解決策についても住民が考えている。組織は、この話合いで決まったことを実行するために住民自身の意志によってつくられる。この間、外部の人間は住民の話を聞くことに徹しており、後の段階になっても、住民の話合いがスムーズに進むように横から手助けをするだけである。

エチオピアでの私は、「住民が意見を言える場をつくりたい」と頭では考えていながらも、実際にとった行動はウォロ州支部のスタッフから話を聞くことだった。住民の意見を聞きたいのなら、まず住民から話を聞かなければならないのに、そんな単純なことすらわかっていなかったのだ。

赤十字社に戻ったものの……

一年間の短い留学ではあったが、こうして自分なりに「あのときこうしていたら、もっとうまくいったのではないか」という結論に達することができた。それを一言で言えば、こうなる。

「開発は、まず住民自身が考え、自分たちでやると決めたことから始めなければならない」

日本の職場に復帰した私は、留学中に学んだことを仕事のなかで活かしたいと思ったが、すぐにそれが容易ではないことに気がついた。援助の世界では、実際にどんな活動をやるかは、援助を受ける側ではなく援助を行う側が決める場合が多い。とくに、緊急救援が専門の赤十字社は、「援助する側が決めた計画に従って、できるだけ速やかに救援物資を現地に送って被災者に配り、終わったらできるだけ素早く引き上げる」という目的のためにシステム全体が構築されていた。

自然災害や武力紛争など、生命を救うために迅速な対応が必要とされる緊急救援においては、こうしたトップダウンの意思決定もやむを得ない面がある。しかし、その仕組みがそのまま長期的な開発協力にも当てはめられていた。だから、「何をやるかは住民が決めるまでわからないのだから、開発協力ではまず現地に行って住民の話を聞くことから始めるべきだ」という私の考え方とは相入れない点が多い。日赤のなかには、私の意見に理解を示してくれる人も何人かはいた。しかし、そのような人たちですら、頭ではわかっていても、実際の仕事でそれとそぐわない事情（たとえば、使途を指定された寄付金を一定の期限までに使い切らなければならない）が出てくると、いとも簡単に自分たちの都合を優先してしまうのだ。

赤十字社で私の考えを実現することは、不可能ではなかったかもしれない。だが、何しろ組織が巨大なので、実現可能な環境を整えたときには定年を迎えていた、といったことになりかねない。次第に私は「赤十字社という組織にはこだわらず、自分の考えをもっとストレートに実践できる場に移ったほうがよいのではないか」という考えに傾いていく。ちょうどそのころ、職場の回覧資料でふと目にしたのが、シャプラニールの会報だった。

シャプラニールの活動を知り、興奮

援助の仕事をしていたので、シャプラニールというNGOがバングラデシュで活動していることは知っていたが、活動の具体的内容までは知らなかった。会報を読み進めるうちに、私は次第に興奮してきた。そこには、まさしく私が「こういうふうにやってみたい」と思っていた活動が報告されていたからだ。シャプラニールの活動は、次のようなステップを踏んで行われていた。

①　土地をもたない貧しい農民が二〇人前後の単位で集まり、毎週一回ミーティングを開いて、

自分たちの抱えている問題とその解決策について話し合う。

② ミーティングではメンバー全員がたとえ少額ではあっても同じ金額を貯金し、それを元手に簡単な収入向上事業を行う。

③ グループ活動開始後一年間は、ミーティングの進め方などについて助言は行うが、金や物による支援は一切行わない。

④ グループ活動を始めて一年が経過した時点で、成人識字学級を開講し、文字の読み書きや計算とともに生活改善のための基礎的な知識を村人が学ぶ機会を提供する。

⑤ 成人識字学級で学んだことを実践するために、村人が給水ポンプ付井戸やトイレを安価で購入できるように、資金の補助を行う。

⑥ 自己資金による収入向上事業を何度か成功させたグループに対しては、より規模の大きな事業に取り組めるように、グループの自己資金額に応じてローンを提供する。

なかでも私が驚いたのは、シャプラニールが最初の一年間は金や物による支援を一切行わない点だった。これは、援助団体の活動スタイルとしてはきわめて異例であり、どうしてこのようなやり方を採用するようになったのか興味が湧いた。

その会報によれば、会の歴史を詳しく記録した『シャプラニールの熱い風』（めこん、一九八九年）という本が出版されているとのことだったので、すぐに取り寄せて読んだ。そこには、独立直後のバングラデシュで農民にトラクターの運転を指導した日本人の若者たちが帰国後にこの団体を設立したこと、その後ノートと鉛筆を現地の子どもたちに配るという初歩的な支援から活動を開始し、村の女性たちの手工芸品生産組合づくり、村の有力者によると思われる日本人駐在員襲撃事件といった、文字どおり血を流すような試行錯誤を経て、活動を発展させてきた過程が、赤裸々に綴られていた。

この本は一九七二年から七七年までの記録しか扱っていなかったので、前述の活動スタイルがどのようにして生まれたのかについてはよくわからなかった。とはいえ、彼らの活動が付け焼き刃の理論ではなく現場での経験に裏付けられたものであることは、十分に理解できた。

「この団体でなら、自分のやりたいことができるのではないか」

聞けば、シャプラニールはちょうどダッカ事務所長の候補者を募集しているという。私はさっそく志望動機作文を書き上げ、履歴書とともに送った。

転職を決意

いまだから正直に書くが、私は自分が採用されることにかなり自信をもっていた。シャプラニールは日本のNGOの草分け的な存在として援助の世界ではそれなりに知られていたが、当時は組織としては会員数わずかに一〇〇〇人、年間予算一億円そこそこの弱小団体でしかなかった(3)。そんなシャプラニールが、仮にも日赤という名の通った(?)国際援助機関に八年間勤務し、二年間のエチオピア駐在と一年間のイギリス留学経験をもつ人材を断るはずがない、とうぬぼれていたのだ。

だが、現実はそれほど甘くなかった。最大のネックは、私とシャプラニールとの間にそれまで接点が皆無だったことだ。シャプラニールにすれば、ダッカ事務所長は自らの唯一の活動現場について重要な責任を負うポストである。それをまったく面識のない人間にいきなりは任せられなかったのであろう。面接の結果、シャプラニールからは「最初からダッカ事務所長としては採用できないが、近い将来バングラデシュに次ぐ二番目の国で活動を開始することも考えているので、まずは東京事務所のスタッフとして働いてみないか」という回答が示される。

シャプラニールに転職すれば、給与など待遇面では日赤よりもずいぶん不利になる。再び発展途上国の現場で仕事ができるならそれも我慢しようと考えて応募したのだが、すぐにはそれも無理とわかって私はかなり迷った。態度を決めかねていた私に、当時シャプラニールの事務局長になったばかりの川口善行氏が自分の体験を話してくれた。

川口氏は大手の損害保険会社の営業課長だったが、ある日、通勤途中の電車の中で新聞の字がかすんで読めないことに気がついたという。老眼の始まりだった。以前から国際協力・交流の仕事を非営利でやってみたいと思っていた川口氏は「いま始めないと、もうチャンスはないかもしれない」と思い、長年勤めた会社を辞め、アメリカに留学して、発展途上国での起業をテーマに経営学を学んだ。帰国後、縁あって一年前の九一年にシャプラニールに就職していた。

「前の会社にいたときに比べると年収が四分の一に減りました。でも、私の場合はすでに子どもが大きくなっていたし、家も建てた後だったから、よかった。あなたはまだ若いし、結婚もしていないから、将来を考えると不安になるのはよくわかりますが、シャプラニールなら、あなたがやりたいと思っている活動を最初からつくっていくチャンスがあります。それに、私も日赤にいるあなたを誘う以上は、転職した二～三年後にシャプラニールが潰れてしまったというような情けない思いは絶対にさせません」

こう話した後で、川口氏は最後に言った。

「でも、人間うーんと迷ったときは、たぶんどちらも正解なんだと思いますよ」

日赤にとどまるかシャプラニールに移るか、追いつめられた気持ちでいた私は、この一言で、すーっと気持ちが楽になった。結局、最後は「行動せずに後悔するよりは、行動して後悔するほうがまだまし」と自分に言い聞かせて、転職した。九二年六月のことである。

活動現場を訪ねて見えてきたこと

転職して二カ月後、私はバングラデシュでシャプラニールの活動を実際に自分の目で見る機会に恵まれた。この年、創立二〇周年を迎えたシャプラニールは、その記念事業として活動記録『シャプラニールの熱い風』の続編を出版することになり、その執筆メンバーの一人として現地取材を担当することになったのだ（『シャプラニールの熱い風　第二部』めこん、一九九二年）。

「シャプラニールが初めてこの村で識字学級を開講したとき、最初の数日間は物珍しさもあって皆が授業に出席したが、そのうち毎日勉強を続けるのがいやになってやめてしまうメンバーが続出

した」（ある村人）

「昔は住民グループが結成されるとすぐにシャプラニールからローンを貸し付けていたが、回収できないことが多かった」（古参の現地スタッフ）

彼らへの取材を通じて私は、シャプラニールにもかつては村人たちの意欲や意識が十分に高まらないうちに援助を行って失敗した苦い経験があったことを知った。

その後シャプラニールは、識字学級の開講にあたっては住民グループ結成後一年が経過するまで待つことにした。住民グループは、多少教育のある村人がリーダーになり、他の村人に呼びかけてつくられる場合が多い。リーダーが議事録や帳簿つけを担当することで最初のうちは何とか活動が続いていくが、一年経つうちには議事録の内容や貯金額をめぐって、読み書きのできるメンバーとそうでないメンバーの間でいさかいが何度か発生するものである。このような経験を通じて、「最低限の読み書きと計算はメンバー全員が身につけなければ、グループ活動がうまくいかない」ことを住民自身が理解する。このころに識字学級を始めれば最後まで出席率が低下しないことを、シャプラニールは現場での試行錯誤から発見したのだった。

ローンの提供にしても、最初からシャプラニールが住民グループに大きな金額を貸し付けると、メンバーは「どうせ外国の援助団体から借りた金だから」と不用意に使う傾向がある。そうでなくても、バングラデシュの貧しい農民は過去に多額の資金を運用した経験が乏しいので、いきなり牛の肥育などリスクの高い事業に投資してしまい、あげくの果てには購入した牛が病気で死んでしまい、借金だけが残るといった結果になりやすい。

だが、自分たちで毎週少しずつ苦労して集めた貯金なら、米のストックビジネス[4]など利幅は小さくても確実に利益が見込める事業に対して慎重に使うし、仮に失敗しても元々の金額が少ないので損害は軽微ですむ。そして、こうした自己資金の運用で成功した実績をもつ住民グループに対してなら、ローンを貸し付けても失敗が少ないことを、シャプラニールは経験から学んだのだ。

「最初の一年間は金や物による支援は一切行わない」という活動スタイルがどのようにして生まれたかがわかって私はうれしかったが、現場を見ているうちにいくつか気になる点も出てきた。その一つは、識字学級での授業の進め方である。

シャプラニールの識字学級は、フレイレの「意識化」の理論を応用したと言われていた。具体的には、毎回の授業で文字の勉強を始める前に、バングラデシュの農村でよく見られる光景（たとえば、池の中で子どもが体を洗っているのに、その同じ池の水を母親が飲料用に汲んでいる）を描いた絵を教師が生徒に見せ、その絵がどのような問題を表しているかをクラスで話し合う。その後で、その問題を一言で表現した短文（たとえば「池の水を飲むのは不衛生です」）を教師が提示し、その文に使われている文字を教える、というものだ。

だが、実際に授業を見学してみると、生徒が絵について話し合う場面はほとんどなく、教師がすぐに短文を読み上げてしまい、生徒はそれをおうむ返しに復唱するだけだった。フレイレが提唱した手法では、授業でどの問題を取り上げるかは各地域の実情をそのつど調べて決めることになっている。一方シャプラニールでは、全国共通版としてあらかじめ編集されたテキストを使っていた。そのため、本来は教師が生徒に質問しながら「問題提起型」で進めるべき授業が、教師側があらかじめ用意したメッセージを一方的に生徒に伝える「預金型」に変質していた。

これと共通した問題は、住民グループのミーティングでも感じた。基金が相当な額に達し、議事録や帳簿付けも自分たちでできるようになったグループでも、ミーティングで話をしているのはシャプラニールの現地スタッフや特定のリーダーだけである場合が多く、メンバー同士で話合いが行われる場面は少なかった。

シャプラニールが住民グループへの支援を活動の中心に据えて、このときすでに一〇年以上が経っていたが、シャプラニールの手を離れて自立したグループはまだ一つも生まれていなかった。私には、メンバーが自分たちで課題を設定して活動の内容を決めていないことがその原因ではないかと思われた。シャプラニールがいまの手順に従って支援を行うようになったのは、過去の経験からそのほうが住民グループが順調に成長すると考えたからだ。しかし、そのためにかえってメンバーが自分たちで活動の方向を決める機会が少なくなり、グループが次第に画一化してきているように感じられた。

もしシャプラニールがバングラデシュ以外の国で活動を始めることになったら、そのときはいま以上に住民の主体性を大切にし、彼らが独自に活動の内容を決められるようにしたい。そんな思いを抱きつつ、私はバングラデシュを後にした。

新しい活動対象国

翌九三年、シャプラニールはバングラデシュ以外の国での活動に向けて本格的に準備を開始し、私はその主任者として全体の作業をリードすることになる。候補地のしぼりこみにあたっては、当時のシャプラニールの資金力や日本とのつながりの深さなどを考えて、まずアジアに限定した。そのうえで、どの国でどんな活動をするかについては、二つの方法で同時並行して考えることにした。

ひとつは「開発プランコンテスト」。そもそものきっかけは、ある日のミーティングで元ダッカ駐在員が発した一言だった。

「開発プロジェクトがうまくいくかどうかは、何をどこでやるかではなく、誰と組むかで決まる」

現在バングラデシュにはＢＲＡＣ《ブラック》(5)をはじめ、バングラデシュ人によって運営される大きなＮＧＯがいくつかある。これらの団体は活動年数ではシャプラニールとさして変わらないにもかかわらず、活動の規模・内容とも比較にならないほど急速に発展し、いまやその実力には政府や国連も一目置かざるを得なくなっている。

なぜ、それほどの発展が可能だったのか。鍵はそれぞれの団体のバングラデシュ人リーダーにある。これらの団体は、いずれも七〇年代に欧米の援助団体が優秀なバングラデシュ人のパートナーを発掘し、その人物を支援することによって急速に成長した。

私たち日本人が、生い立ちや生活様式がまったく異なる発展途上国の人びとについて理解できることには自ずと限界がある。身分や民族の構成はどうなっているのか。誰が力をもっているのか。

もっとも貧しい人びとはどこに住んでいるのか。その人たちの主体性を失わせずに支援するにはどうしたらよいのか。これらは現地の実情に詳しいその国の人たちのほうがよく知っているし、適切なやり方を発見することも多いはずだ。

いくらその場かぎりではなく長期的な支援が必要だと言っても、未来永劫にわたって援助し続けるわけにはいかない。ゆくゆくは、私たち日本人に代わって活動全体を維持・運営させていく現地の人材や組織が必要になる。それならばいっそ、私たちのもっとも身近な日本にいるアジアの人びとから出身国の開発プランを募って、パートナーとなり得る人材を探してみてはどうか、ということになったのだ。

もうひとつは「地域別研究」。どの国でやるにせよ、そこの気候や民族、政治、経済などについてできるだけ詳しい情報を前もって集めておいたほうがよい。そこで、国連の五歳未満児死亡率などのデータをもとに、アジアのなかでもとくに支援の必要性が高いと思われる国を一〇カ国ほど選び出した。そのうえで長期的な開発協力に取り組むために必要な条件(6)が確保されている国として、インド、ネパール、パキスタン、ベトナム、フィリピン、モンゴルの六カ国を選び、日本国内で入手できる資料をもとに勉強会を行った。

次に、より可能性が高い国としてネパール、フィリピン、ベトナムの三カ国について、これらの国で活動している日本のNGOを訪ねて駐在員経験者らから詳しく話を聞いていく。そして、最終的にネパールとフィリピンの二カ国に候補がしぼられ、いよいよ現地に調査チームを二週間ずつ派遺した。私はその両方に参加し、フィリピンには九四年二月、ネパールには同年三月に訪れ、そこでカマイヤの存在を初めて知ったのだ。

私が海外協力にかかわるようになって、ちょうど一〇年が経っていた。

（1）「防災」が、災害発生後に救援を効果的かつ速やかに行うための事前準備を意味するのに対し、「災害予防」は、文字どおり災害の発生そのものを予防もしくは軽減することを目的にしている。スウェーデン赤十字社が、エチオピアでの飢饉には人為的な要因が大きく作用していることを分析し、その結果をまとめて発表したことがきっかけとなり、各国赤十字社の間でその必要性が認識されるようになった。詳しくはGunnar Hagman（1984）, *Prevention better than Cure: Report on Human and Environmental Disasters in the Third World*, Swedish Red Cross Society（グンナー・ハーグマン著、明日の援助を考える会訳『発展途上国の災害白書――予防にまさる治療なし』日本赤十字社、一九八八年）を参照。

（2）Paulo Freire（1972）, *Cultural Action for Freedom*, Penguin, p.51.

（3）二〇〇二年三月現在の会員数は約二九〇〇人、年間予算は約二億二二〇〇万円である。

（4）収穫直後の値段のもっとも安い時期に米をまとめて買って貯蔵しておき、それを翌年の収穫直前の値段がもっとも高くなる時期に売って差額を儲けるという方法が、一般的に行われている。

（5）旧称Bangladesh Rural Advancement Committee（バングラデシュ農村振興委員会）。一九七二年にファズル・ハッサン・アベッドが設立した。二〇〇一年四月現在、常勤職員約二万四七〇〇人、年間予算約一億五二〇〇万ドル。世界最大のNGOと言われる。オランダ国際開発協力組織（NOVIB）が最初に支援を行った。BRACについては次の本が詳しく紹介している。キャサリン・H・ラヴェル著、久木田由貴子・久木田純訳『マネジメント・開発・NGO――「学習する組織」BRACの貧困撲滅戦略』新評論、二〇〇一年。

（6）　具体的には、当該国の治安状況、出入国管理法、外国為替管理法、ＮＧＯ関連法などを調べ、「現地に日本人職員を安全に駐在させ、日本から活動資金を送金し、現地でＮＧＯ登録を行って活動すること」が可能かどうかを検討した。

第3章　誰と組むか

再びネパールへ

半年後の一九九四年九月、シャプラニールはネパールを新しい活動対象国とすることを決めた。開発プランコンテストではフィリピン人の応募者が優勝し、実際に彼女の紹介してくれたＮＧＯを訪ねてもう一度現地調査も行った。しかし、最終的には、ネパールのほうが教育・保健衛生など基本的なニーズが満たされていないなどバングラデシュと共通点が多く、シャプラニールの過去の経験をより活かせるのではないかということになったのだ。また、ネパールでは九〇年の民主化(1)によってＮＧＯ活動が合法化されたばかりで、外国のＮＧＯの協力を現地側のＮＧＯが強く求めていたことも大きかった。

ただし、この段階では、どんな活動を、どの地域で、どうやって始めるのかについては、まだ何も決まっていない。そこで、一〇月から翌九五年三月までの半年間、長期の現地調査を行うことになり、私は再びネパールへ向かった。今度の調査のヤマは、シャプラニールのパートナーとなり得る現地のＮＧＯを探すことにある。(2) 開発プランコンテストでは残念ながら、「この人となら」と思えるようなネパール人応募者との出会いに恵まれなかったが、「開発プロジェクトがうまくいくかどうかは、何をどこでやるかではなく、誰と組むかで決まる」という元ダッカ駐在員の忠告は、私の脳裏に強く焼き付いていた。

前回の調査は二週間と短かったが、今回は時間はたっぷりある。よーし、こうなったら片っ端からネパールのＮＧＯの活動現場を見てやろう。そう考えた私だったが、到着早々思わぬ事態に直面した。どの団体を訪ねても、一一月に予定されている総選挙が終わるまでは現場に入らないほうがいいと言う。

「いまはネパールのどこを訪ねても選挙一色だ。そんなときに外国人のあんたが現場に入ったら、選挙運動に利用されるのがオチだ」

九〇年の民主化でようやく絶対王政から複数政党制への転換をとげたネパールでは、選挙が地域社会に与える影響は日本とは比較にならないほど大きいという。私はいきなり自分の見通しの甘さを思い知らされた。

気を取り直して私は、カトマンズにある欧米のＮＧＯの事務所を回り始めた。すでに現地のＮＧＯと協力して活動を始めていた欧米のＮＧＯに、シャプラニールのバングラデシュでの活動内容を説明し、パートナーとしてふさわしい現地のＮＧＯを推薦してもらおうと思ったからである。ＯＸ《オックス》ＦＡＭ《ファム》(3)というイギリスのＮＧＯを訪ねたとき、いくつか心当たりの団体を紹介してもらった後の雑談で、私がイギリスに留学していたことが話題になった。私が意識化について勉強したことにふれると、事務所長のイギリス人女性が言った。

「それなら、ＳＰＡＣＥ《スペース》というＮＧＯを訪ねてみてはいかがですか。意識化の実践に取り組んでいる団体と聞いています。ＯＸＦＡＭの支援先ではないので、私もそれ以上詳しいことは知らないのですが」

そう言うと、彼女はその団体の連絡先を書いたメモを渡してくれた。「ケシャブ・ゴータム」、それがＳＰＡＣＥのリーダーの名前だった。

SPACE のケシャブ・ゴータム事務局長（1994年当時）

叩き上げのNGO

数日後、私は初めてＳＰＡＣＥの事務所を訪ねた。といっても、カトマンズには地区名はあっても番地がないので、住所だけで探し当てるのはむずかしい。事前に電話すると、事務所には看板も出ていないらしいので、近くにある目印になりそうな場所まで出てきてもらうことにする。

待合せ場所に現れたケシャブ氏を一目見て、私は「何だかとてもさわやかな感じのする人だな」と思った。それまでに私はネパールのNGOのリーダーに何人か会っていたが、やたらにへり下ったり、かと思えば妙に威圧的だったりする人が多かった。ところが、彼にはそうしたところがまったくなく、「気のいいあんちゃん」といった風情なのだ。歳を聞くと三三歳だと言う。私と同じだった。住宅街にあるこぎれいな事務所に案内され、お互いにひととおりの自己紹介をすませると、まずはこの団体の成り立ちについて話を聞いた。

SPACEは、アメリカのカトリック系団体から派遣されたガルヴィン神父がネパール人スタッフ三名とともに、カトマンズで成人識字学級を始めるために七九年に設立した。当時の団体名はHANDS《ハンズ》=Human and Development Service（人間と開発サービス）といい、アメリカのNGOとして登録された。八四年に団体名を現在のSPACE=Society for Participatory Cultural Education（参加型文化教育の会）に改め、識字教育に加えて、保健衛生、収入向上、住民の組織化などの分野にも活動範囲を広げていく。

だが、活動方針をめぐるネパール政府との対立[4]が原因で、八七年にガルヴィン神父ら外国人スタッフはネパールを去る。残されたネパール人スタッフは西ドイツの援助団体ミゼリヨールから資金援助を受けて密かに活動を続けたが、その援助も九〇年にはいったん停止されてしまう。財政的なよりどころを失ったSPACEは二年近く、事実上の活動停止を余儀なくされた。この間に、指導的な立場のスタッフ数名が経済的な理由から外国系のNGOに転出し、組織的にも大きなダメージを受けた。

その後、九二年にイギリスのNGO、アクション・エイド(5)（Action Aid）が中部丘陵地帯のシンドゥリ郡で農村開発プロジェクトを実施するために資金援助を申し出て、SPACEはようやく活動を再開する。私が事務所を訪ねたときはミゼリヨールも支援を再開しており、計二つの外国のNGOをパートナーにして活動していた。八七年以降はネパール人だけで運営されており、ケシャブ本人を含むスタッフ全員がキリスト教徒ではなくヒンドゥー教徒だと言う。

ケシャブは大学で生物学を専攻し、卒業後はタライ平野の国立公園で外国人旅行者相手のガイドをしていたが、八一年に初めてHANDSの成人識字学級部門にトレーナーとして参加した。以来ずっとSPACEのスタッフをしていると言う。九二年からは事務局長を務め、それに先立つ九〇年から二年間フィリピンに留学し、コミュニティ開発の修士号も取得している。

ネパールのNGOといえば、国際機関の職員や政治家などが九〇年の民主化以降、新たに立ち上げた団体が多い。そのなかで、SPACEが民主化以前の困難な時期から活動を続けてきた、いわば「叩き上げ」の団体であることに、私は注目した。

エッセイの引き合わせ？

SPACEの団体としての歴史やリーダーの経歴についてわかったので、いよいよ本題に入ることにした。

「SPACEは意識化の実践に取り組んでいる団体だと紹介されて来たんだけど、実際にはどうやっているの」

「僕らは、フレイレの提唱した手法にできるかぎり忠実に識字学級をやろうとしているんだ。ネパールで識字学級をやっているNGOはたくさんあるけど、みんなできあいの教科書を使ってるだろ。僕らはそうじゃなくて、地域ごとにそこの人びとがどんなことに関心をもっているかを調べ、それにもとづいて自分たちで教材を準備しているんだ」

そう言うとケシャブは、実際に使っている教材のサンプルをいくつか見せてくれた。人びとの生活を題材にした絵を用いている点はシャプラニールの識字教科書と同じだが、製本はされていない。ファイルに綴じて、その時々や場所場所で住民の関心をもっとも反映する内容に入れ替えられるようになっている。

「SPACEは以前、ネワールと呼ばれるカトマンズ盆地先住民族の女性たちのために識字学級をやっていたこともあるんだ。彼女たちはネワール語という独自の言葉を母語にしているから、最初からネパール語の教科書で授業をやったのでは、理解してもらえない。それに、ネワールの生活様式は他の民族とは際立って異なるため、既存の教科書で扱っている題材は彼女たちの実生活とは合わない。そんなこともあって、自分たちで教材をつくるようになったんだ」

このようなやり取りをしているうちに私はふと、自分がイギリス留学中に読んだあるエッセイ(6)のことを思い出した。筆者の一人はネパール人男性で、ネパール農村の女性たちが、識字学級で「焚き木」という単語を勉強したときの話合いから、次第に環境への意識に目覚め、ついには自分たちで植林を始めるに至るプロセスが活き活きと綴られていた。当時は自分が将来ネパールに行くことになるとは想像もしていなかったが、そのエッセイが大いに気に入った私は、自分の論文にも引用したほどだ。私はネパールに来てから、作者に会いたいと思い、いろいろと探したが、このときまで探し当てられずにいた。

識字学級に長年の経験があるＳＰＡＣＥなら、この作者を知っているかもしれない。そう思って、私はケシャブに尋ねた。すると驚いたことに、作者はＳＰＡＣＥの元スタッフで、彼らの識字学級に初めて意識化の考え方を導入した人物であることがわかったのだ。残念ながら本人はアメリカに住んでいて会えなかったが、私にはかつて読んだ一編のエッセイが自分とＳＰＡＣＥとを引き会わせてくれたように思えた。

一日がかりでＳＰＡＣＥの活動地へ

一一月一五日に行われた総選挙の結果、それまで与党だったネパール会議派は第二党に転落。代わって、議席数で一位となった統一共産党が、少数与党ながらも政権を担当することになる。

選挙が終わり、ようやく現場に入ることができるようになった私は、パートナー候補として目星をつけていたＮＧＯの活動現場を回り始めた。ネパールの丘陵地帯や山岳地帯には、いまも車道が開通していない地域が多い。最寄りのバス停や空港から山道を歩いて三日以上かかる村も珍しくない。現場を見て回るといっても、そこにたどり着くまでが大変で、一つのＮＧＯの活動を見るのに往復で一〇日近くかかってしまう。それまで山登りなどした経験がなかった私は、現場を見てカトマンズに戻ってきたときには体力を消耗し尽くしてしまい、次の現場に出かけるには一週間近く体を休めなければならなかった。

シンドゥリ郡にあるSPACEの活動現場を訪ねたのは、年も改まった九五年一月中旬だった。カトマンズの長距離バスターミナルで午後七時にケシャブと待ち合わせ、夜行バスに乗り込む。座り心地がよいとはとても言えない椅子に一〇時間揺られて、まず郡庁所在地シンドゥリマディに向かった。

シンドゥリ郡はネパール中部に位置し、地勢的にはタライ平野と丘陵地帯の両方にまたがっている。タライは川沿いにゆるやかな傾斜をもつ平野が広がり、乾季は交通が比較的容易だが、雨季になると河川が増水して車道が寸断され、他地域への交通は困難になる。丘陵地帯は年間を通じて、他地域へは徒歩でしか交通できない。それでも、たいていの村からは一〜二日歩けば車道に出られるので、ネパールでは恵まれているほうだ。

ほの暗い早朝五時にシンドゥリマディに着いた私たちは、睡眠不足で朦朧《もうろう》とした頭を一杯のチヤ(ミルクティー)で覚ますと、川沿いの道を徒歩で溯《さかのぼ》り、SPACEの地域事務所をめざした。道すがら、ケシャブが彼らの活動の背景について説明してくれる。

シンドゥリ郡には全部で五五の行政村があり、以前からアクション・エイドが九つの村で活動していた。九二年に活動地域を拡大するにあたって、ネパールのNGOを活用する案が浮上し、パートナーにＳＰＡＣＥが選ばれる。ＳＰＡＣＥは、アクション・エイドの活動地域に隣接する六つの村をカバーすることになった。

このうちタライに住む人びとの多くはマジやダヌワルと呼ばれる先住少数民族で、以前はもっぱら川での漁業と農業で生計を立てていた。だが、それだけでは十分な収入が得られないので、いまは地主の土地で農業労働者としても働いている。一方、丘陵地帯に住む人びとの多くはタマンと呼ばれるモンゴロイド系民族で、もっぱら農業で生計を立ててきた。しかし、農地が傾斜地にあって耕作がむずかしいため、生産性は低い。米のほかに、大麦や粟《あわ》、稗《ひえ》、豆、野菜などもわずかながら生産していた。タライも丘陵地帯も、貧しい農民と地主との間には強い搾取・依存関係があるという。

いつもならシンドゥリマディからＳＰＡＣＥの地域事務所までは丸一日歩かなければならないらしいのだが、その日は半日ほど歩いたところで運よく同じ村に向かうトラクターが通りかかり、事務所のすぐそばまで荷台に乗せてもらえた。狭い荷台にはすでに一〇人以上が乗っており、まるでバスのように途中で何度も人が乗り降りする。車道がない地域では、トラクターが耕耘機としてだけでなく交通手段としても重要であることを私は知った。

貧困の原因は何か

午後二時ごろにＳＰＡＣＥの地域事務所に着くと、所長のラム・ダンゴルほか数人のスタッフが迎えてくれた。事務所とはいっても、やや大きめの木造農家の二階を借りただけだ。それでも、使い込まれて黒ずんだ建物の内部は落ち着いた雰囲気で、なかなか居心地がよい。その一室の床に車座になって、ラム所長から話を聞いた。

ＳＰＡＣＥの活動では、シャプラニールのバングラデシュでの活動と同様に、成人識字学級が重要な位置を占めていたが、それが活動全体のなかで果たす役割はかなり異なっていた。シャプラニールの識字学級は、結成後一年以上を経過した住民グループに対して行われ、文字の習得とともに生活改善のための基礎的な知識を教えることに重点がおかれている。これに対して、ＳＰＡＣＥの識字学級は活動の最初に実施され、住民がＳＰＡＣＥのスタッフとの対話をとおして、自分たちが抱えている問題は何か、それを自分たちで解決するにはどうしたらよいかを考える場として位置づけられていた。

そして、識字学級での話合いをもとに、この時点で二七の住民グループができ、合せて二八七人が参加しているそうだ。グループは目的別に一七の「負債解消グループ」、三つの「雄牛共済グループ」、七つの「収入向上グループ」に分かれ、女性によるグループは二つだという。

これらのグループが実際に識字学級でどのような話合いを経て結成されたのかに私は興味があったのだが、ラム所長は私の質問に答える代わりに、逆に聞いてきた。

「君は、貧困の原因は何だと思うか」

突然の質問に面食らった私は、こむずかしい内容をしどろもどろに答えた。何のことはない。イ

ギリス留学中に読んだ教科書の受け売りだった。(7)

「これまで貧困は、所得や資産など物質的な不足が原因だと考えられてきた。だが、最近では、人びとの政治力や交渉力のなさや、不測の事態に対する脆弱さなど、社会的な力の弱さが等しく重要な原因だと考えられている」

ラム所長は「そんなことを聞いているんじゃない」と言わんばかりに首を横に振りながら私の答を聞いていたが、ニヤリと笑うと「実はこれと同じ質問を村人にもしたのさ」と言った。そして、次のようなエピソードを聞かせてくれた。

住民グループはどのようにできたのか

シンドゥリ郡で最初に開講された識字学級で、何回目かの授業のときに、SPACEのスタッフが提案した。

「今日は文字の勉強を始める前に、このクラスの人たちがなぜ貧しいのかを考えてみよう」

そこでクラスのメンバーたちは、「農地が狭い」とか「水が足りないので作物のできが悪い」など、思いつく理由をあげていった。ひととおり意見が出尽くすと、SPACEのスタッフが、紙に壷の絵を書いて話を始める。

「毎年米が穫れると、皆さんは壷の中に米を蓄えておくでしょう。でも、この米がすぐになくなってしまうので、生活が苦しいわけです。すぐになくなる理由には、確かに皆さんがいま言ったように、土地や水が足りなくて壷に入れる米が最初から少ないせいもあるでしょう。でも、米がすぐになくなるのは、それだけが理由でしょうか。たとえば壷の底に大きな穴が開いていれば、どんなにたくさん米を入れてもすぐになくなってしまいます。このように皆さんの暮らしのなかでも、せっかく収穫した米がどんどん減っていってしまうということはありませんか」

するとクラスの一人が言った。

「毎年、収穫の後になると、地主に借金を返さなければならないので、収穫した米の多くを地主に持っていかれてしまう」

多くのメンバーが異口同音に「そうだ、そうだ」と言う。

そこで、SPACEのスタッフはクラスの一人ひとりに、どの地主からどれくらいの金額を借りていて、いくら返済しているのかを聞いてみた。すると、クラスのほとんど全員が借金をしていること、金額は最高で一人四〇〇〇ルピー(8)にも達していること、返済は米で行われ、それを現金に換算すると年利で七五%近くもの利子がかかっていることがわかった。さらに詳しく聞いていくと、彼らが地主から借金をする場合には次のような慣行に従わなければならないという。

まず、「ギーカネ」と呼ばれる慣習がある。これはもともとこの地方で山羊のバターを意味する言葉で、農民が地主に金を用立ててもらった場合に、その返礼として山羊のバターを贈る習わしがあったことからきている。しかし、いまでは地主が農民に金を貸す時点で、すでにギーカネ分として貸付額の一〇%が差し引かれていた。つまり、借金の証文には一〇〇〇ルピーと書かれていても、

SPACEのスタッフと住民のミーティング

実際には九〇〇ルピーしか手渡されないわけである。このほか、借金をした農民は農繁期に地主の土地で無償で働いたり、お祝い事のときに肉を贈ったりしなければならない。これらすべてを現金の価値に換算すると、借金に対する利子は最高で年利一二〇％にも達していた。

村人たちの間では、借金は恥ずかしいこととされ、大っぴらに語られてこなかった。だから、クラスのメンバーはこの時点まで、そんなにも多くの人びとが借金しているとは知らなかったし、まして利子がそれほどの高率になっているとは想像もしていなかった。彼らは地主による高利貸の実態に怒りを覚えるとともに、これでは自分たちがなかなか貧しさから抜け出せないのも無理はないと感じた。

ＳＰＡＣＥのスタッフは、その日の授業で「借金」という単語を取り上げ、次回の授業からは、この問題をどうしたら解決できるかを皆で話し合っていくことにした。最初はクラス全員で貯金をし、返済に充てることも考えたが、すでに負債がかなりの額に達しており、貯金だけでは借金を完済できそうにない。そうなれば、その年の未返済額が翌年に繰り越され、それに再び高利がかかるので、まさに焼け石に水だ。

何回も話し合った結果、SPACEとクラスのメンバーは次のような方法で借金の問題を解決していくことで合意した。まず、SPACEからクラスのメンバーに対し、各人の地主への負債額に応じて一人あたり最高四〇〇〇ルピーまでのローンを無利子で提供する。メンバーはこの金でいったん地主への借金を完済する。その後は毎月ミーティングを開き、現金または穀物を貯蓄する。貯蓄がある程度に達したら、希望するメンバーに低利で内部ローンを貸し出す。こうして貯蓄と内部ローンの利子収入とで自分たちの基金を増やし、そのなかから少しずつSPACEにローンを返済していく。こうすれば、いまある借金をすぐに完済できるだけでなく、将来新たに借金の必要が生じたときに、地主ではなくグループの基金から借りられる。

こうして、識字学級での「借金」という単語をめぐる話合いから、最初の「負債解消グループ」が設立された。

「雄牛共済グループ」も識字学級での話合いから始まった。このクラスのメンバーは誰も雄牛を持っていなかった。それゆえ、自分の田畑を耕す際、鋤《すき》を引かせる雄牛を地主から借りなければならない。たった数週間の作業のために、高額の賃貸料を取られるだけでなく、借りた牛を丸一年間、無償で世話しなければならなかった。自分の土地だけでなく、地主の土地まで無償で耕さなければならない場合もある。

そこで、このクラスでは「雄牛」という単語を授業で取り上げ、皆で話し合った。その結果、自分たちが共有する雄牛を買うためのローンをＳＰＡＣＥから無利子で借り受け、負債解消グループと同じように自分たちの基金をつくり、そこからＳＰＡＣＥにローンを返していくことになった。

住民グループに聞く

ラム所長の話から、ＳＰＡＣＥがそれぞれの地域に固有の問題について住民からよく話を聞いていること、住民の側もＳＰＡＣＥの助けを借りながら、その問題の解決のためにどうしたらよいかをよく考えたうえでグループをつくっているらしいことがわかった。

「探していたパートナーに、ついにめぐり会えたのかもしれない」

私は密かに興奮を覚えていたが、この段階ではＳＰＡＣＥから話を聞いたにすぎない。彼らの話がどこまで本当かは、実際にグループのメンバーに会って確かめるまではわからない。

先にカトマンズに戻るケシャブと分かれ、私は翌日からラム所長の案内で、ＳＰＡＣＥが支援している住民グループを訪ねて回った。ＳＰＡＣＥがカバーしている六つの村は、タライから丘陵地帯までかなり広い地域にわたっている。各村にはＳＰＡＣＥの現場スタッフが一人ずつ、農家の一室や軒先を借りて寝泊まりしながら活動していた。私たちも地域事務所から通っていたのでは効率が悪いので、一つの村を訪ねてはそこを拠点にいくつかのグループを回り、翌日はまた三～四時間歩いて別の村に移動した。

宿泊は、できるかぎりSPACEの現場スタッフが寝泊まりしている場所を共用させてもらう。ある場所では、もともと一人分の寝床をしつらえるスペースしかない。仕方ないので、同じ農家の牛小屋の二階の床に藁を敷き、それをベッド代わりにして皆で雑魚寝をした。寝心地は悪くなかったが、夜中に床下から牛が放尿する大きな音が聞こえてきたときには思わず苦笑いした。

こうして、六つの村のうち五つを訪れ、一七のグループのうち八つにインタビューをしていった。その際、次の五つの質問を必ずした。

①どのような経緯でグループを結成したのか

ＳＰＡＣＥからの説明はひととおり聞いていたが、メンバー自身がどう捉えているかを聞くのがねらいだ。八つのグループのうち六つは、最初にＳＰＡＣＥのほうから村人にコンタクトがあり、識字学級への参加をきっかけにグループができた。その間の経緯についてのメンバーの証言は、ラム所長から聞いたエピソードが事実であることを裏付けている。残る二つは、他のグループの活動の噂を聞き、自分たちでそのグループを訪ねて教えを乞い、自力で結成した。その後メンバーのほうからＳＰＡＣＥに支援を要請している。いずれのケースでも、ＳＰＡＣＥに言われたからではなく、住民が自分たちの意志でグループをつくったことが確認できた。

②毎月の貯金額や内部ローンの利率は、誰がどうやって決めたのか

シャプラニールも含めて、援助する側が陥りやすい誤りは、よかれと思って、グループ活動に関するルールをメンバーに代わって決めてしまうことだ。短期的には確かにトラブルは少なくなるが、長期的にはグループが自己運営能力を身につけるうえでかえってマイナスになる。その一方ですべてをグループに任せると、特定のリーダーの意見だけが優先されて、より弱い立場のメンバーに不利なルールでグループが運営されてしまうこともある。援助する側としては、このあたりの判断がむずかしい。

この点については、ほとんどのグループが、初めに銀行に自分たちの口座を開設するために必要な一人あたり五〇ルピーを徴収し、その後はグループによって月一〇ルピーから四〇ルピーの範囲で自由に貯金額を決めていた。SPACEからは、もっとも貧しいメンバーの基準に合わせて毎月の貯金額を決め、全員が同じ額を貯金するように助言を受けたという。最初に決めた額が高すぎて、後から下方修正したグループもあった。また、収穫後の余裕のある時期は高めに設定し、収穫前の生活が苦しい時期には低めに設定するなど、時期によって貯金額を変えているグループもあった。

内部ローンの利子は、一〇〇ルピーあたり月一ルピー（年利一二%）または二ルピー（年利二四%）のいずれかに設定していた。「自分たちの貯金なのだから、無利子にしようとは思わなかったのか」と質問すると、どのグループも次のように答えた。

「地主から借りる場合に比べればはるかに低いし、グループの基金を早く増やすためには少しでも利子を取ったほうがよい」

これらのことから、グループ活動を円滑に進めるために最低限守るべきポイントについてはSPACEから指導を受けているものの、それ以外はグループによってかなり自由にルールを決めており、より弱い立場のメンバーへの配慮もそれなりになされていることがわかった。

③グループ基金の運用状況はどうなっているか

貯蓄とローンの貸付を核とする住民グループの活動でもっともよくあるトラブルは、一部のメンバーによる基金の独占や流用だ。メンバー全員が基金の運用状況を正確に把握できているか、ローンの貸付が公平に行われているかが、こうしたトラブルを未然に防ぐポイントになる。

実際にメンバーにインタビューしてみて、一番弱いと思われたのはこの点だった。SPACEが支援するグループでは現金による貯金だけでなく、穀物による貯蓄も行われており、それぞれからメンバーにローンが貸し出されるので、会計処理はかなり複雑になる。このため、自分たちの基金の総額がいまいくらになっているのか正確につかめていないグループも見受けられた。

ローンの貸し出しは、メンバー全員が同じ額を順番に受け取るのではなく、毎月のミーティングで話し合って、ニーズの高いメンバーから優先的に受け取るようになっていた。ただし、上限は決まっていないので、極端な場合、五〇〇〇ルピーの基金のうち三〇〇〇ルピーが一人のメンバーに貸し出されているグループもある。

これについてローンの支給を受けていないメンバーに「不平等だと感じることはないのか」と質問したところ、「お互い様で、いつかは自分がお世話になることもあるだろうし、そうならなければならないで結構なことなので、別にかまわない」という答が返ってきた。この答を聞くまでは「リーダーによる独占か?」と疑った私だったが、メンバー自身がそう考えているなら、それはそれでよいのかもしれないと考え直した。

④グループ活動を始めてどんな変化があったか

「高利貸の借金から自由になった」「グループ基金から低利で金を借りられるようになった」という回答がもっとも多く、活動が所期の成果を収めつつあることをメンバーも自覚していることがわかる。それに加えて、「他にもいろいろな問題をメンバーで話し合うようになった」「農作業や家を建てるときなどにもメンバー同士助け合うようになった」など、グループ活動をきっかけとしてメンバー間の協力関係が強まったことをうかがわせる回答もあった。

興味深かったのは、こうしたメンバーの結束が、ときには地主から譲歩を引き出しているケースがあることだ。あるグループでは、SPACEからローンを受け取って地主に借金を返しに行くときに、同じ地主から借金をしているメンバーが連れ立って行き、「元金はともかく、七五%もの利子を取るのは不当だ」と談判した。すると、地主のなかには元金のみの返済で合意した者もいたのだ。また、「そんなよその団体から金を借りなければいけないくらいなら、自分が無利子で金を融通してやる」と言う地主もいたという。

もちろんこうした例は稀であって、たいていの地主は証文を盾に頑として譲らない。だが、地主といっても、すべてが悪徳高利貸ではなく、ただ地域の慣習に従って利子を取っているだけの者もいる。そうした場合には、交渉次第で貸付の条件を緩和できる余地があることがわかったのだ。高利貸の問題の解決がそもそもの目的であったのだから、こうした地主側の態度の変化は願ってもないことだ。

⑤いつになったらSPACEの支援なしでもやっていけると思うか

実は、私個人はこの質問に対する答にもっとも関心があった。メンバーがどこまでグループを本当に自分たちのものと考えているかが端的に現れるからだ。

結果は、「まだまだ時間がかかる」という回答がもっとも多かったが、SPACEからも「いずれは自分たちだけでやっていくように」と言われているらしく、「あと二年」というような答え方をするグループもあった。ただ、「なぜ二年なのか」とさらに質問すると、答に窮してしまったが……。また、「SPACEのスタッフがまったく来なくなるのは困るが、来る頻度を減らすのはかまわない」という回答もあった。

一つだけ「一年後にはSPACEの支援なしでもやっていける」とはっきり答えたグループが

あった。そこは七人のメンバー全員が共同で雑貨店を経営しており、毎月一五〇〇ルピー程度の収益をあげている。彼らの言い方を借りれば、「自分たちは高利貸から自由になった。あと一年でＳＰＡＣＥからのローンを払い終われば、ＳＰＡＣＥからも自由になれる」。これからの抱負を尋ねたところ、「今後は自分たちが、他の村で同じような問題に苦しんでいる人びとを助けたい。これまでにも二つのグループの設立を手伝った」という答が返ってきた。

ＳＰＡＣＥが支援する住民グループを実際に訪ねてみて、私はグループが外部の人間ではなく住民自身の意志によってつくられることの大切さを改めて痛感していた。ＳＰＡＣＥの前に訪問した別のＮＧＯでは、グループ活動の目的や意義をＮＧＯ側から住民に教えるトレーニングを一週間程度行い、その後すぐにグループをつくっていた。だが、そこではミーティングといっても、実際にやっていることは、ほとんど貯金の集金とローンの支給・回収だけである。インタビューのときに答えるのはリーダーだけで、他のメンバーは全員黙っていることが多い。

ところが、ＳＰＡＣＥが支援するグループの場合は、外国人の私が見ているにもかかわらず活発な意見交換が行われていた。インタビューでも、あるメンバーが質問に答えていてゆきづまると、すぐに他のメンバーが引き取って話を続け、こちらからとくに水を向けなくても半数以上のメンバーが発言する。グループが組織として生きていることを実感した。

私は、ＳＰＡＣＥをシャプラニールのパートナーの最有力候補とすることに決めた。

ケシャブとカマイヤ

カトマンズに戻った私は、シンドゥリ郡での活動を見た感想をケシャブに伝え、「まだ私の個人的な意見だが」と断ったうえで、尋ねた。

「ＳＰＡＣＥをパートナーとしてネパールで新しい活動を始めたいと思っているのだが、どうだろうか」

ケシャブは、シンドゥリ郡での私との会話から、シャプラニールとＳＰＡＣＥには多くの共通点があることを感じていたと言い、自分たちとしてもシャプラニールといっしょに活動してみたいと返事をしてくれた。

「ありがとう。となると、どこで、どんな活動をやるかということなんだけど、ＳＰＡＣＥとしては何か希望があるかい」

「僕らは西のほうに行くべきだと思う。カトマンズ盆地や東部はもう十分に援助が入っているからね。それに比べて西部はもともと貧しい地域が多いのに、外からの支援がまだほとんど入っていない」

「僕もこれから新しい活動を始めるなら西部だと思っていた。ただ、西部と言っても山のほうでやるか平野のほうでやるかでずいぶん違うと思うんだけど」

「実は、平野部の先住民族タルーのために何かできないかと前から思っていたんだ。とくに、カマイヤと呼ばれる債務労働者はネパールでもっとも貧しく、虐げられた人びとだからね」

前回の調査でバルディヤ郡を訪れて以来、カマイヤのことは絶えず私の心に引っかかっていた。今回再びネパールに来てからも、援助関係者に会うたびにカマイヤ支援の可能性について質問した。私が話を聞いた人びとは誰も皆、カマイヤがネパールでもっとも虐げられた人びとであることを認めた。同時に、カマイヤへの支援が非常にむずかしいことも指摘したのだ。だから、ケシャブの口から「カマイヤ」という言葉が出たことに、私は内心驚いた。

債務労働者の立場にあるカマイヤは絶えず地主の厳しい監視の下に置かれているので、彼らに近づくだけでも大変な努力と忍耐が必要である。仮に接触できたとしても、彼らの大半は少数民族タルーの出身でありネパール語を解さないので、意思の疎通がむずかしい。これらの障害を乗り越えて何とか活動を始めたとしても、カマイヤにとって本当に有効な支援は地主にとって脅威となり、地主からのさまざまな妨害に遭うことは想像にかたくない。こうした理由から、問題の深刻さをわかってはいても、実際の支援は見合わせている団体がほとんどだった。

私はバルディヤ郡で見たSAPの活動を思い出した。なるほど、こうした事情を考えれば、むしろSAPはよく健闘していると言わなければならない。同時に、それほどの苦労をもってしても地主の了解の下でしか活動できないのであれば、カマイヤ問題を本当に解決はできないのかもしれない、そう思うようになっていた。だから、SPACEとはそれまでカマイヤ支援の可能性について話し合ったことはなかった。ところが、SPACEのほうからカマイヤ支援をやりたいと言ってきたのだ。

「どうしてカマイヤに関心があるんだい」

「僕はもともと西部平野地帯のダン郡の地主階級出身で、父もカマイヤを雇っていた。なかでも大地主だったのが僕の叔父で、一人で何十人ものカマイヤを使っていた。その叔父があるとき、まだ子どもだった僕の目の前で、いきなりカマイヤを張り飛ばしたんだ。別にそのカマイヤが叔父に口答えしたというわけではなく、まったく突然だった。たぶん叔父の腹の虫の居所が悪かったとか、そんなことではないかと思う。とにかく、不意打ちをくらったカマイヤは、そのまま床に叩き付けられた。そのとき、子ども心に、この人たちはどうしてこんな目に遭わなければいけないんだろうと思ったのが、カマイヤに関心をもったきっかけだよ。

そんなこともあって、フィリピンに留学したときに『タルーと土地改革』というテーマで修士論文を書くことにした。いったんネパールに帰って、故郷の近くのタルーの村に住み込んでタルー語を覚えながら調査をしたんだ。そのとき、彼らの自然とともに生きる豊かな文化や、助け合いに支えられた社会に接して、『無知で無力なタルー』というそれまでの僕のイメージは根底から覆されたよ。それ以来、いつかはタルーといっしょに活動したいと思っていたんだけど、関心をもってくれる外国のNGOがなかったんだ」

タルーの村で住み込み調査をしたことがあるだって？　タルー語も勉強しただって？

どれもこれも初めて聞く話ばかりだ。ケシャブがフィリピンに留学していたことは知っていたが、私はうかつにも彼がどんなテーマで論文を書いたのか聞いていなかった。それにしても、エッセイの件といい、カマイヤの件といい、重ねての偶然に、私はこのＳＰＡＣＥという団体との出会いに不思議な因縁のようなものを感じていた。この団体とだったら、ひょっとするとカマイヤ支援の新しい活路が見出せるかもしれない。

ケシャブと話し合った結果、まずはカマイヤの現状についてより詳しく知るため、バルディヤ郡で現地調査を二週間行うことにした。ケシャブの出身地であるダン郡で行うことも考えたが、カマイヤ問題そのものはバルディヤ郡のほうがはるかに深刻だと言われていたし、正直に言えば、前回の訪問の印象が脳裏に強く焼き付いていたので、「もう一度行ってみたい」という私個人の気持ちも強かったと思う。

すぐにでもバルディヤ郡に向かいたいところだったが、翌週から私は、もう一つパートナー候補として考えていたＣＳＤ《シー・エス・ディー》(Centre for Self-help Development)[9]というＮＧＯと、ネパール西部丘陵地帯のサルヤン郡で活動候補地の調査を行う予定が入っていた。ケシャブとお互いの日程を調整した結果、バルディヤ郡行きは一カ月後の三月と決まる。奇しくも、前回の訪問から一年後だった。

(1)　民主化運動の結果、それまで絶対的な権力を行使してきた国王は「国家および国民統合の象徴」となり、主権在民、議会制民主主義、基本的人権の保障を柱とする新しい憲法が公布された。

(2)　当時ネパール政府は、新たにネパールで活動を始める外国のＮＧＯに対して、原則として、ネパールのＮＧＯをパートナーにして活動するよう指導していた。

(3)　旧称 Oxford Committee for Famine Relief（オックスフォード飢饉救済委員会）。第二次世界大戦中、飢餓に苦しむギリシア国民を救うために、オックスフォード市の住民有志によって一九四二年に設立された。戦後は活動地を世界中に広げながら、難民や自然災害時の救援活動を行うとともに、発展途上国においては現地のNGOをパートナーにした開発プロジェクトの実施、先進国では開発教育やアドボカシー（政策提言活動）に力を注いでいる。二〇〇〇年度の総収入約一億二四〇〇万ポンド（一ポンド一七五円換算で、約二一七億円）で、イギリスを代表するNGOの一つ。

（4）一九九〇年の民主化によってNGO活動が自由化される以前は、ネパール政府は慈善・福祉の分野に限ってしかNGO活動を認めていなかった。このため、当時SPACEが力を入れつつあった住民の組織化や収入向上などは活動の範囲外であるとみなされ、SPACEの外国人スタッフは政府から国外退去を命じられた。

（5）Action Aid（アクション・エイド）は一九七二年にイギリスで設立されたNGO。イギリスでは比較的新しいが、現在はオックスファムやセーブ・ザ・チルドレンなどと並ぶ同国を代表するNGOの一つに成長した。二〇〇〇年度の総収入は六七二〇万ポンド（一ポンド一七五円換算で約一一七億六〇〇〇万円）で、アジア、アフリカ、ラテンアメリカの計三〇カ国以上で活動している。ネパールでは八二年から活動を開始した。

（6）Parajuli, P. & Enslin, E. (1990), From Learning Literacy to Regenerating Women's Space: A Story of Women's Empowerment in Nepal, *Convergence*, Vol.23, No.1

（7）Chambers, Robert(1983), *Rural Development: Putting the Last First*, Longman（邦訳・ロバート・チェンバース著、穂積智夫・甲斐田万智子監訳『第三世界の農村開発——貧困の解決—私たちにできること』明石書店、一九九五年）。とくに第五章。

（8）ネパールの農村では米一kgの値段が一〇～二〇ルピー、労働者の日当が三〇～五〇ルピーである。

（9）　Centre for Self−help Development（自助努力による開発センター）は、一九九一年八月にネパール農業開発銀行（政府系金融機関）の元職員らが中心になって設立したNGO。山間部では貯蓄信用組合の育成を中心とした「コミュニティ開発プログラム」、平野部では小規模無担保融資（マイクロクレジット）による「農村銀行プログラム」を実施している。

第4章　カマイヤの実態と土地獲得運動

ラジャプールでの挫折

ネパールでの長期調査の最終月にあたる一九九五年三月、私はケシャブとともにバルディヤ郡に向かった。SPACEはそれまでバルディヤ郡で活動した経験はなく、地域事務所のような拠点もない。そこで再びSAPに協力を依頼し、彼らのバルディヤ郡事務所に寝泊まりさせてもらいながら調査することにした。前回は飛行機と車で二時間の旅だったが、このときは交通費を節約しようとバスを使ったため一二時間もかかった。

腰をさすりながら事務所に着くと、折悪しく、SAPはちょうどその日から一週間カトマンズで重要な会議が開かれるとかで、スタッフは留守番役の一人を除き全員出払っている。スタッフたちと再会できなかったのは残念だったが、おかげで事務所やベッドルームだけでなく、彼らが村回りに使っているバイクも借りられた（と言っても、私はバイクが運転できないので、ケシャブと二人乗りだったが）。

私たちが最初に乗り越えなければならないハードルは、カマイヤの実態について正確な情報をつかむことである。私たちは今回の調査に先立ち、カトマンズでもカマイヤに関する情報を集めようとしたが、当時はカマイヤはおろかタルー全般に関する先行研究すらほとんどなく、いったいどこに問い合わせたら情報が入手できるのかもよくわからなかった。すでにカマイヤへの支援を行っていたＳＡＰも、彼らの活動地域内の状況はそれなりにつかんでいたが、バルディヤ郡全域、ましてや西部平野全域のカマイヤの状況となると、ほとんどわかっていないようだ。私たちとて、たった二人でそれだけの広い地域を調査するのは無理だった。

「とにかく、カマイヤ問題がもっとも深刻だと言われているところまで行ってみよう」

ケシャブと私はＳＡＰのバイクを借りて、バルディヤ郡内のラジャプールと呼ばれる場所を訪ねてみることにした。ラジャプールはバルディヤ郡のなかでも地理的に一風変わった特徴がある。北側の丘陵地帯から流れてきたカルナリ川は、平野部に差しかかってインド国境の手前でゲルワ川と二股に分かれる。その間にできた三角州状の一帯がラジャプールだった。このため、周辺地域からはボートや筏《いかだ》で大きな川を渡ってしか入ることができない。

ラジャプールでカマイヤ問題が深刻なのは、この地域が河川によって周囲から隔絶され、外からの影響を受けにくい保守的な土地柄であるためらしかった。カマイヤ支援に取り組んでいるＮＧＯがあるとＳＡＰから聞いていたので、私たちはまずその団体を訪ねてみた。

最初に彼らが支援するカマイヤ子弟のための識字学級を見学させてもらい、その後彼らの事務所

カマイヤ子弟のための識字学級。実は地主によるものだった

で話を聞いた。ところが、私たちがこの地域のカマイヤの状況について質問すると、「カマイヤは奴隷ではなく農業上のパートナーだ」とか「カマイヤの待遇はいまや大幅に改善されて、近ごろでは搾取されているのはむしろ地主のほうだ」などという答が帰ってくる。

どうも様子が変だと思っていると、そのなかの一人が「カマイヤを雇うことは別に悪いことではない。俺だってカマイヤを四人使っている」と言ったので愕然とした。何とこのNGOは地主によって運営されていたのだ。とんでもないところに来てしまったようだ。私たちが早々に引き上げようとすると、思わせぶりな言葉を投げかけてきた。

「俺たちは村の連中と頻繁に連絡を取り合っているから、外から誰か人がやって来たときも、そいつらがどこで何をしているのかすぐにわかるんだ」

その言葉が単なる脅しでないことは、すぐにわかった。私たちがその夜泊まることになっていた宿に戻ると、先ほどの地主の仲間がいつの間にか隣の部屋にチェックインしていたのだ。それからは、どこに行っても常に誰かに監視されているようで、落ち着かなかった。村まで出かけて行って、畑で働いているカマイヤらしき農民に話しかけても、地主から口止めされているのか、当たり障りのない返事ばかりで、地主との関係についてはなかなか口を開いてくれない。この国の援助関係者が口をそろえてカマイヤ支援のむずかしさを指摘していたことの本当の意味が、私たちにもようやくわかりかけてきた。このままでは埒があかない。私たちはいったんSAPの地域事務所まで戻り、体勢を立て直すことにした。

困難を乗り越えてまとめられた調査報告書

外部の人間がいきなりカマイヤに接触することは相当にむずかしそうだと悟った私たちは、バルディヤ郡内に事務所をもつ他のＮＧＯを訪ねて助言を求めた。だが、参考になるような活動をしている団体はなかなか見つからない。たまにカマイヤ支援に取り組んでいても、地主の了解の下で識字学級を一度やって後はそれっきり、というようなケースが多かった。そうした活動では、この問題の解決につながるはずがない。

そんななかで、ＩＮＳＥＣ《インセック》（Informal Sector Service Centre）(1)というＮＧＯからは、思いがけない収穫があった。ＩＮＳＥＣはカトマンズに本部をおく人権団体で、彼らが九二年に出版したカマイ

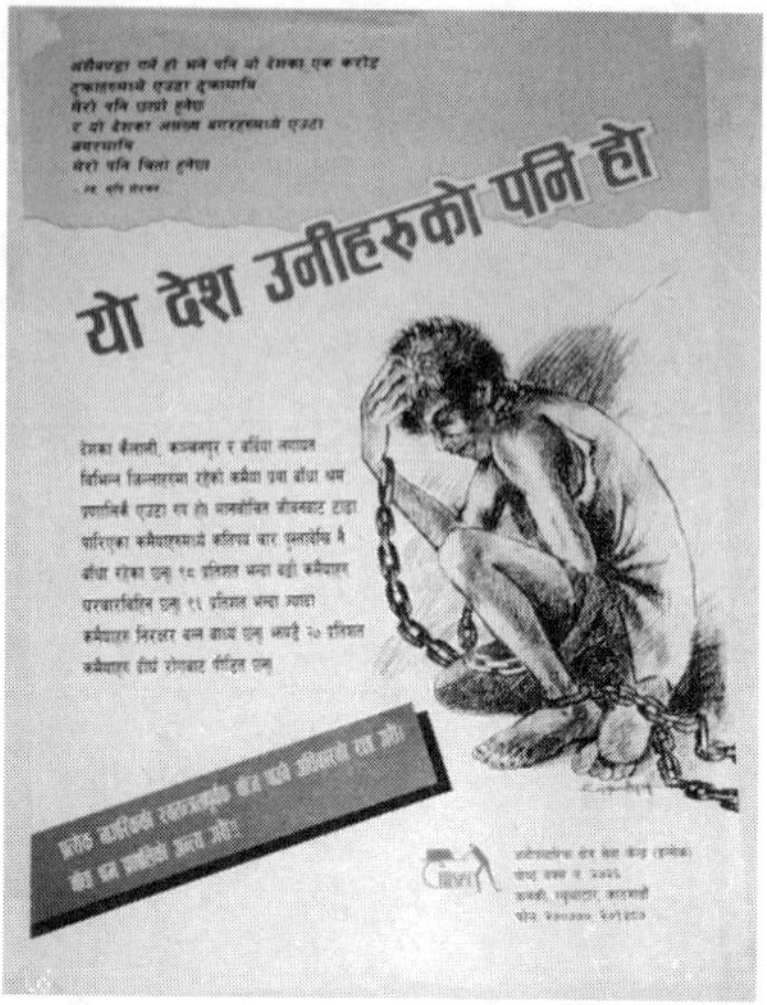

「この国は彼らの国でもある」とカマイヤ制度廃止を訴えるINSECのポスター

ヤ調査報告書[2]を分けてもらうことができたのだ。

この調査は、バルディヤ郡だけでなく、その西側にあるカイラリ郡やカンチャンプール郡も含めた三つの郡で計一万七〇〇〇人ものカマイヤにインタビューして行われていた。これらの郡はいずれも、カマイヤ問題が深刻な地域と言われている。目次を見ると、「カマイヤの起源」「カマイヤが雇われるまでの手順」「カマイヤの労働時間と報酬」「カマイヤと債務」「カマイヤ問題の現状」と内容は多岐にわたっていて、これ一冊でかなりのことがわかりそうだった。それにしても、どうやってこれだけ調べたのだろうか。

「はしがき」を読むと、この調査を行うに際していかに苦労したかが綴られていた。たとえば、カマイヤにインタビューしようとしても、地主が「自分のところにカマイヤはいない」と嘘を言ったり、インタビューの場に同席させることを強要し、たびたびカマイヤの答を誘導したり妨害しようとしたこと。カマイヤ自身も日中は仕事で忙しく、また地主の報復を恐れてなかなかインタビューに応じてくれなかったこと。これらの事情からインタビューは多くの場合、カマイヤが安心して話ができる深夜に密かに行わなければならなかったこと……。

ラジャプールで、カマイヤから直接話を聞き出すことのむずかしさを痛感して帰ってきたばかりの私たちには、ＩＮＳＥＣが舐めたであろう辛酸をありありと思い描くことができた。そして、これらの困難を乗り越えて集められた貴重な情報から、カマイヤがどのような状況におかれているのか、その実態がようやく浮かび上がってきた。

恐るべき実態

報告書を読んでまずわかったのは、「カマイヤ＝奴隷」という考え方には若干修正が必要らしいということだった。カマイヤとは、正確には、地主と一年単位で契約を結んで働く農業労働者のことで、毎年一月中旬の「マギ」と呼ばれる祭日に口頭で契約が交わされる。同じ地主の下で働くことを希望しないカマイヤは、この日に他の地主と交渉し、合意が成立すれば新しい地主の下で働くことができる。また、地主に債務を負っているのは、調査対象となったカマイヤのうち三〇％でしかなかった。

ネパールでは奴隷制度が一九二四年に廃止され、九〇年に制定された新憲法では「あらゆる形の強制労働」が違法とされていた。にもかかわらずカマイヤ制度が残っていたのは、それが一見あたかも対等な雇用契約のように見えるためらしい。

では、なぜ、そのカマイヤが「奴隷同然の地位におかれている」と言われるのだろうか。その最大の理由は、カマイヤの労働条件が非常に厳しいにもかかわらず、支払われる報酬が極端に少ないためだった。

カマイヤは地主といったん契約を結ぶと、年間を通じて他の仕事には一切つけない。契約上は耕作労働だけなのだが、実際には家畜の世話、薪や飼葉《かいば》（牛や馬にやる干し草）集め、家の建設や修理、庭仕事など、地主が命じるありとあらゆる仕事をこなさなければならない。このため、多くのカマイヤは朝三時ごろに起きて夜九時ごろに寝るまで、二回の食事のためのごくわずかな時間を除き、一日中働き続けなければならなかった。週休もなく、前述のマギなど年に数日の祭日を除いて休暇は与えられない。さらに、カマイヤ契約を結ぶ際には、その妻も地主の家で家事労働に無償で従事するよう要求されることが多い。

これほど苛酷な労働負担に比して、カマイヤが受け取る報酬は非常に少ない。契約の条件は地主によって多少の違いはあるが、カマイヤ本人の食事分として年間六〇〇kg程度の米が支給されるほかは、労働そのものへの報酬としては年間九〇〇〜一〇〇〇kg程度の米が支払われるだけだった。カマイヤ一核家族あたりの平均人数は六人前後で、家族全員が食べていくためには最低でも年間一六〇〇kgの米が必要とされるので、カマイヤが受け取る報酬はまさに生存ラインぎりぎりに設定されていることになる。

しかも、これはあくまでカマイヤが年間を通じて健康に働き続けた場合の話である。病気やけがで仕事を休めば、その分だけ報酬から差し引かれるし、治療のための薬代や診療費は自己負担だ。

結婚式や葬式などの出費をまかなうために日ごろから蓄えに回す余裕などは、まったくない。このため、こうしたニーズが発生した場合には、地主から借金せざるを得ない。担保となり得る資産を持たないカマイヤに金を貸してくれる銀行などないからだ。

生活はただでさえ非常に厳しいが、いったん地主に債務を負うと、次第に奴隷同然の地位へとおとしめられていく。本来であれば、カマイヤが地主に対して返済すべき債務の額は労働報酬によって漸次減るはずだ。しかし、実際にはカマイヤが読み書きができないことにつけ込んで地主側が不当な操作を行うため、わずかな額の借金もたちまち雪だるま式に増えていく。一年間に返済すべき額が一年分の報酬を上回るようになるのに、さして時間はかからない。そうなると報酬はすべて借金の返済に充てられることになり、カマイヤは一日二回の食事をあてがわれるだけで、後はまったく報酬を受け取ることなく働き続けなければならなくなる(3)。

前述したように、カマイヤは本来、年一回の契約更改の際にどの地主の下で働くかを決める権利があるとされる。だが、借金を完済しないかぎり、元の地主との契約を解消できない。つまり、債務を負ったカマイヤは自分の意志で地主を替えることができなくなる。ところが、地主の側は、別の地主の下で働いているカマイヤを買い取りたいと思った場合、元の雇用主である地主と交渉し、そのカマイヤの借金を肩代わりすることによって身柄を自分の下に移すことができる。

このとき、地主がやり取りしているのは表面的にはカマイヤの借金だが、実質的にはカマイヤ本人が売買されるのと変わりない。カマイヤがしばしば「奴隷」になぞらえられる最大の理由は、こ

図2　カマイヤの終身労働サイクル

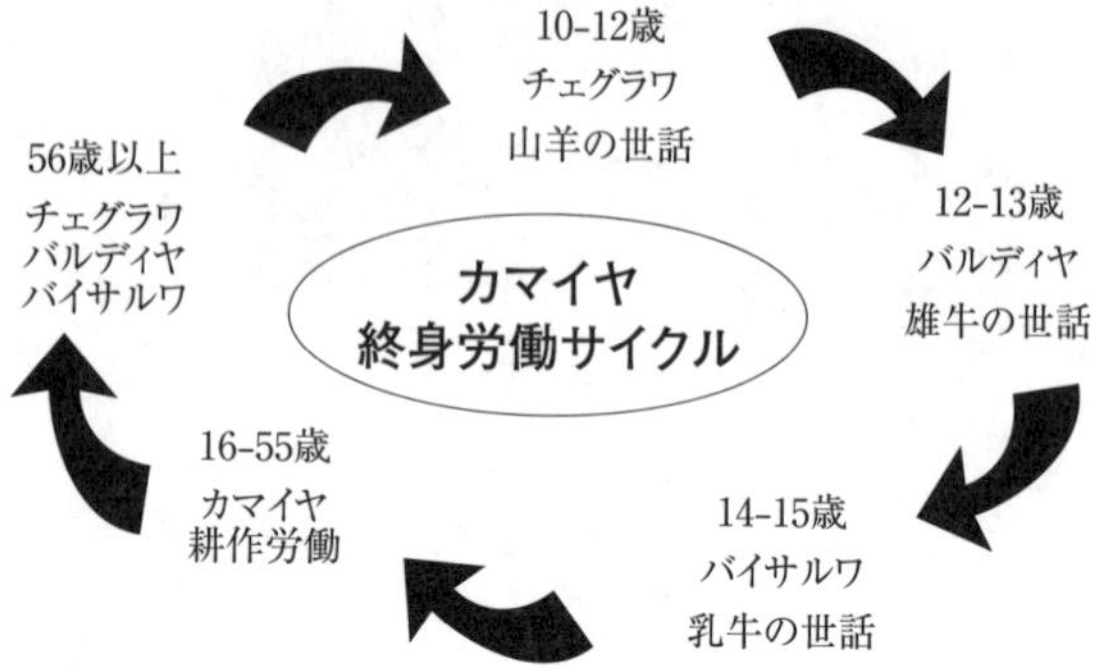

こにあった。しかし、カマイヤ制度の恐ろしさは、これだけにとどまらない。

カマイヤが地主から借金をすると、あまりにも高い利子のため、しばしば本人の代では完済できない。すると、借金は次の世代に引き継がれ、その子どももまたカマイヤとして同じ地主の下で働かなければならなくなる(4)。実際、債務を負っているカマイヤの多くは、父や祖父の代の借金が原因で自分もまたカマイヤになることを余儀なくされた人びとだった。

そして、子どものころは山羊や牛の世話、おとなになると耕作労働、歳を取って畑仕事ができなくなると再び家畜の世話という具合に、ほぼ一生の間、途切れることなく働き続けなければならない（図2参照）。この間、学校教育を受ける機会はない。こうなると、もはや自分が搾取されていると意識することすら困難になり、現状を運命として受け入れるほかなくなってしまう。

不可解な事実

このようにカマイヤの実態を見てくると、ここまで徹底した搾取のシステムがそもそもどのようにしてこの地域に定着したのかという疑問が生じてくる。この点についてINSECの報告書は「昔の奴隷制度のなごり[5]」「政府が農民から徴用していた労働奉仕の制度が変容した[6]」「もとは一般的な小作契約であったものが年月の経過とともに搾取的な性質を帯びるようになった」などいくつかの説を併記して紹介していたが、結論としては「はっきりしたことはわからない」としていた。

もともとの起源が何であるにしても、それまでに私が話を聞いた援助関係者は皆「現在のカマイヤ制度は、六〇年代に始まった移住政策の過程で、先住民族タルーを搾取するために丘陵地帯の人びとが外から持ち込んだ制度である」と考える点では一致していた。ところが、報告書を読み進めているうちに、思わず「えーっ!?」と声を上げたくなるような一行に出くわした。そこにはこう書かれていたのだ。

「多くの人びとが、結婚の費用が払えなかったために、義父の下でカマイヤになっている[7]」

それまで私は、カマイヤを雇っている地主はすべて丘陵地帯から移住してきたネパール人だと思い込んでいたのだが、どうやらタルーもいるらしい。しかも、親族間でカマイヤ契約が取り交わされている場合すらあるというのだ。報告書をよく読むと、バルディヤ郡では、そのようなケースは調査対象となったカマイヤの二〇％近くに及んでいた。

私はわけがわからなくなった。丘陵地帯から平野地帯に人びとが移住を始めたのは六〇年代以降である。外から持ち込まれた搾取のための制度が、四〇年も経たないうちにタルーの親族間にまで浸透するなどということがあり得るだろうか。

だが、INSECは最初から「カマイヤは債務労働者の一形態であり、人権侵害であるから廃止すべきである」と決めてかかっているふしがあり、報告書のその後の記述ではこの事実はほとんど無視されている。

タルーの親族間でもカマイヤ契約が取り交わされているケースがあることは、私たちのその後の聞き取り調査でも確認された。私はケシャブに言った。

「僕らは、とんでもない思い違いをしていたんじゃないだろうか。カマイヤ制度は、もともとタルーの社会にあったものが変質したと考えるほうが辻褄が合うんじゃないだろうか」

思いがけないなりゆきにケシャブも驚いていたが、この仮説が正しいかどうかを確かめるには、カマイヤから直接話を聞くしかない。しかし、どうやったら、地主の監視の目が届かないリラックスできる環境でカマイヤと話ができるだろうか。

土地を獲得したカマイヤ

ゆきづまっていた事態を打開する道は、意外なところから開けた。

バルディヤ郡滞在もあと二日を残すのみとなった日の朝、私が目を覚ますと、ケシャブはすでに起きていて、庭でSAPの使用人の青年と何やら熱心に話し込んでいる。私が洗面をすませ、事務所で今回の調査結果をまとめていると、ケシャブが興奮した面持ちで部屋に入ってきた。

「この事務所に働きに来ているタルーの青年からたったいま聞いたんだけど、五年前にこの国で民主化運動が起きたときに、自分の意志で地主の下から逃れて土地獲得運動を起こしたカマイヤたちがいたらしい。その人たちは、いまは政府から指定された場所に再定住しているそうで、ここからもそう遠くないらしい」

カマイヤといえば「自分たちの現状を運命として受け入れてしまった無力な人びと」としか聞かされていなかった私たちには、まったく思いがけない情報だった。しかも、いまでは自由の身となり、自分たちの住む場所も確保しているらしい。そのような人たちなら、地主を恐れることなく、カマイヤの実態について詳しく話をしてくれるにちがいない。私たちはさっそくバイクにまたがり、彼らが再定住しているという場所をめざした。

元カマイヤの再定住地は、バルディヤ郡内のいくつかの場所に点在していた。ネパール政府が再定住民たちに土地の使用権を認め始めたのはつい最近らしく、私たちが訪ねたときはまだ住民が総出で家造りに取りかかっていたところがあった。場所によっては、政府の認可手続きがすんでいないのか、枝や藁で造った掘っ建て小屋に仮住まいをしている。五年近くに及ぶ運動を闘い抜いて安全な住処を手に入れた再定住民たちは、さすがに活気にあふれていたが、周囲は何もないただの原っぱで、土地も耕されておらず、ここで暮らしていくのは相当に大変だろう。

そんななかで、土地獲得運動を率いたリーダーが住んでいるラクスマナと呼ばれる集落だけは、

再定住地の一つハライヤ村。多くは仮住まいで、壁に穴が空いている家もあった

すでに住宅の建設も終わり、世帯ごとの農地の区分けもすんで、村らしくなっていた。残念ながらリーダー本人は、土地の追加配分を政府に陳情するためカトマンズに出かけていて留守だったが、その妻から話を聞くことができた。

死傷者が出たカナラ運動

この土地獲得運動は、バルディヤ郡にある「カナラ」と呼ばれる国有林をカマイヤたちが集団で占拠して始まったことから、「カナラ運動」と呼ばれていた。カマイヤたちがカナラの森に移り住んだのは九〇年四月だが、それ以前にも、より小規模で散発的な形で、政府に対する土地の配分要求を続けていた。そこへ九〇年一月にカトマンズで民主化運動が起きたことから、いまこそ自分たちの要求をより強くアピールするチャンスと考え、カナラへの集団移住を決行したのだ。このとき参加したカマイヤは四九三九世帯にも及び、四二のグループに分かれて共同行動を取ったという。

事態を憂慮した地主は、国有林を保護する立場にあった林野庁の郡事務所と協力態勢を取り、カナラを占拠しているカマイヤたちの追い出しを図った。当初は、カマイヤたちが占拠して耕作していた土地に家畜を放って作物を食い荒らさせるといった程度だったが、次第に警察も投入して強制排除しようとする強硬なものへとエスカレートしていく。そして、二年半後の九二年一〇月、実力で強制排除しようとする警察とカマイヤたちの間で衝突が起き、カマイヤ側に死傷者が出る事態にまで発展した。

これに対してカマイヤたちは、自警団を編制して警察の暴力に対抗するとともに、郡役所までデモ行進して、事務所の前で何日間も座り込み、問題の平和的な解決を訴えた。

対応に苦慮した政府は、死傷者が出た事件をきっかけに、それまでの強制排除から再定住へと政策を転換。追って正式に土地の使用権を認めるという約束のもと、カマイヤたちをバルディヤ郡内の別の国有地に再定住させた。だが、この約束は、ネパール会議派政権のときには果たされず、新たに政権についた統一共産党政府が一カ月前から、土地の使用権を認める文書をようやく再定住民たちに発行し始めたばかりだった。

解決に向けた政府の動き

なぜ、このカマイヤたちだけが土地獲得運動を始められ、かつ成功へ導けたのか。この運動を始める前の彼らの境遇はどうだったのか。そして、私たちが目下のところもっとも疑問に思っているカマイヤ制度の起源は何なのか。ほかにも尋ねたいことはいろいろあったが、「これ以上詳しいことは夫が帰ってきてから直接聞いてほしい」と言う。だが、私は日本への帰国日が迫っている。いずれにしても一日や二日ですむ話ではない。ネパール政府が進めているカマイヤへの再定住地の配分についても、より詳しい情報を集める必要がある。私たちはいったんカトマンズに引き上げることにした。

ラジャプールではこの問題に取り組むことを一度はあきらめかけた私たちだったが、自らの力で自由と土地を手に入れたカマイヤたちがいたことを知り、目の前に一筋の光が射してきた。

カトマンズに戻ると、私は半年間の調査結果と今後に向けた提案をまとめる作業に没頭した。その提案をまとめるにあたって、やるべきことが一つ残っている。それは、カマイヤ再定住民に土地の使用権を認可している政府の担当部署を訪ね、ネパール政府がこの問題に今後どう取り組んでいくつもりなのか、その方針を確かめることだ。

私はケシャブとともに、住宅省に設置された「土地なし農民問題対策協議会」の事務所を訪ねた。応対した事務官によれば、「最近になって政府がカマイヤ問題に正面から取り組む姿勢を見せ始めたのは、前年一一月の選挙で農地改革を公約に掲げていた統一共産党が政権の座についたため」とのことだった。

政府はカマイヤを「土地なし農民」の一種としてとらえ、対応策を検討することにしたが、他の土地なし農民とは異なる側面もある。そこで、この年の二月に、政府として初めてカマイヤに関する本格的な調査を行った。目下そのデータの集計と分析を進めている最中だというが、郡別のカマイヤの世帯数として表１のデータが得られたと説明した。

カナラ運動に参加したカマイヤだけで五〇〇〇世帯近くにのぼったとする再定住民の証言から考えると、他の郡はともかく、バルディヤ郡の世帯数は少なすぎるように私には思われた。どのようにデータを集めたのか聞いたところ、各行政村の地区担当役員の申告によるという。ラジャプールでのできごとから考えれば、そうした役員は地主か、その影響下にある人物がやっている場合が多いのではないだろうか。

このようにデータの集め方には問題も感じられたが、政府としては今後この調査で登録されたカマイヤに対して、再定住地（国有地）の配分、住宅建設、職業訓練などの支援を実施していく方針だった。こうした取組みと合わせて、国会でも次の会期中に「カマイヤ廃止法案」が提出される予定だという。統一共産党が少数与党であることを考えると、これらの政策がどこまで実施に移されるかは予断を許さなかったが、少なくとも政府がこの問題の解決に向けて積極的な姿勢を見せ始めていたことは確かだった。

ともあれ帰国の期限が来ていた。カマイヤをめぐっていろいろなことが動き始めようとしていた時期で、まさに後ろ髪を引かれる思いだった

表１　郡別のカマイヤの世帯数

ダン郡	3117世帯
バンケ郡	1049世帯
バルディヤ郡	5360世帯
カイラリ郡	5038世帯
カンチャンプール郡	1753世帯
合計	16317世帯

が、私はネパールにしばしの別れを告げ、帰国の途についた。

（1）Informal Sector Sevice Centre（インフォーマルセクター・サービスセンター）は、一九八八年にネパールで設立された人権NGO。九二年からはネパール全土で人権問題に関する調査を行い、その結果を毎年『ネパール人権年鑑』として発行している。また、本文中にあるとおり九一年にネパールで初めてカマイヤに関する包括的な実態調査を行い、以後この問題に取り組むNGOの中心的な存在となった。

（2）INSEC (1992), *Bonded Labour in Nepal under Kamaiya System.*

（3）前掲（2）には次のような実例が紹介されている。「カンチャンプール郡ラムプルビラスプル村第三区に住むカシラム・チョードリーは、地主に七〇〇〇ルピーの借金がある。この借金のために、彼は地主の下ですでに八年間カマイヤとして働いている。借金の額はわずかに八〇〇〇ルピーだが、地主が彼に要求する労働条件は非常に厳しい。現在では彼の報酬はすべて借金の利子の返済に充てられており、食事以外にはまったく報酬を受け取っていない」（九九ページ）

（4）前掲（2）には次のような実例が紹介されている。「六五歳のバリラム・タルーはバルディヤ郡ダンガプルワ村第八区の地主の下ですでに二六年間もカマイヤとして働いている。彼は次のように証言している。『父が借りた五〇〇〇ルピーの借金のせいで、私もまたカマイヤとして働かなければならなくなりました。私がカマイヤとして働き続ければそのうち債務を免除してやると地主は言うのですが、いざ私が地主の下を去ろうとすると、お前の借金には利子が付いて一万八〇〇〇ルピーになっているからまだだめだ、と言うのです』（九四ページ）

（5）ネパールを代表する社会学者マヘシ・C・レグミは、著書で次のように述べている。「あまりに借金がかさむと、しまいには金貸しが債務者自身を買い取るという結果になった。つまり、借金をした農民は金貸しの奴隷となってしまったのである。もう一つの選択は、借り手が利子支払いの代わりに無賃金で金貸しのために働く、つまり農奴となることであった。農奴の境遇とは、『金貸しが利子の支払いを要求しないかわりに、借り手も労働に対する賃金を要求しない』ということであった。（中略）借金の結果としての農民の奴隷化や農奴化は、一九世紀のネパール各地で慢性化した問題となっていた」（マヘシ・C・レグミ著、蓮見順子訳『一九世紀ネパールの農業社会』明石書店、一九九八年、一五八〜一六一ページ）

（6）「一九世紀のネパールでは、ジャーラーとラカムと言われる二種類の賦役が課せられていた。ジャーラーは、必要に応じて課せられる臨時の無償労働である。それに対しラカムは、特定の目的の賦役を定期的に徴用する形をとっていた。ジャーラーとラカムという二つの別種の賦役を課した意義は、国が農民を、借地人としてだけでなく国民として位置付けて、その権限を行使したことにある」（前掲（5）、一一九ページ）

（7）　前掲（2）、三七ページ。

第5章　住み込み調査開始

東京の反応

ネパールで私が半年間調査を進めている一方で、東京ではシャプラニール関係者のほかにＪＩＣＡ（国際協力事業団）職員やネパール研究者などを加えた「ネパール委員会」というグループが結成され、私が現地から毎月送っていた報告書を検討していた。すでに四回の会合が開かれていたが、私が帰国すると、今後の方針を話し合うためにさっそく委員会が招集される。その席上で、私は次の二つの提案を行った。

① ネパール西部平野地帯のバルディヤ郡で、ＳＰＡＣＥとともに、再定住民への支援活動を行いつつ、カマイヤ問題に取り組む可能性を探る。

② ネパール西部丘陵地帯のサルヤン郡で、ＣＳＤとともに、女性たちを対象にした農村開発プロジェクトを始める。

このうち②はすんなりと了承されたが、①については委員の間で意見が分かれた。

「問題の性質上、支援する側も、地主からの暴力を含めてさまざまな脅威にさらされる危険性が高い」

「先住民族の問題は、かかわり方によっては非常に政治的な色彩を帯びかねない。政治活動にかかわらないことがネパール政府から認可を得る条件とされる外国のＮＧＯにとっては、取り扱う問題が微妙すぎる」

「確かにむずかしい問題にはちがいないが、これほどひどい状況を黙って見過ごすことはできないのではないか」

私自身は「再定住民はすでに自由の身になっているので、彼らを支援したからといって地主から妨害を受ける可能性は低い。それに政府が認めた土地に再定住しているのだから、政府との関係においても問題になることはないと思う」と説明し、提案への理解を求めた。「一度に二つの活動を始めなくてもいいのではないか」という意見も出たが、私は「どちらか一つだけというなら、カマイヤ支援のほうを優先させたい」と主張。なかなか結論が出ず、最後は川口事務局長が間に入った。

「定松さんがここまで言っていることだし、カマイヤについてはまだわからないことも多いのだから、再定住地でもう少し調査を続けて、実際にプロジェクトを始めるかどうかは、その結果を見て判断してはどうか」

結局この提案が了承され、シャプラニールはカマイヤ再定住地での調査と丘陵地帯での農村開発プロジェクトという二つの活動を同時並行して進めることになる。そして、それまで「長期調査員」

という肩書きだった私は、六月から正式に「駐在員」としてネパールに赴任した。

突然の結婚

ところで、ネパール赴任を前にプライベートな面で大きなできごとがあった。結婚することになったのだ。相手は、私がそれまで日本で担当していた仕事を引き継ぐためにシャプラニールに採用された女性だった。彼女は大学卒業後、民間企業に勤務していたが、退職してイギリスに留学し、「開発とジェンダー」を学んだ。帰国後ＮＧＯへの就職を希望していたところを、川口事務局長にスカウトされたのだった。

それまで私は結婚する気はまったくなかった。すでに三三歳になっていて、駐在員になれば四年は帰って来れない。その前に結婚したほうがいいと川口氏も勧めてくれたが、私にその気がないのを見て諦めてしまっていた。それが机を並べて仕事をしているうちに、イギリス留学の思い出話から親しく言葉を交わすようになり、出会って半年後にはプロポーズしていた。女性に対してまったく晩生《おくて》であった私には、自分でも信じられない展開だ。

いまから思うに、あのときはネパール赴任を前に気分が高揚しており、ふつうの精神状態ではなかったのだろう。私が婚約したことを川口氏に報告すると、「結婚したほうがいいとは言ったが、君の仕事を引き継いでもらうはずの人が相手とは」と絶句された。

ネパールに駐在員として赴任するに際して私は、彼女がいわゆる「結婚退職」をして私について来るのが当然だと思っていた。シャプラニールの支援者のなかには、せっかく仕事を始めたばかりの彼女が結婚を理由に退職することを残念に思って、「何とかならないか」と言ってくれる人もいた。しかし、「働き続けてほしいが、最初から二人分の駐在員経費は出せないし、せっかく結婚したのに別居も勧められない」というのが事務局の意見だった。彼女にとって、こうしたなりゆきはまったく不本意であったらしい。内心、相当傷ついてもいた。私はネパールに赴任後、初めてそのことを告げられ、こう言われた。

「あなたはネパールの女性の自立とか何とか言っているが、自分が一番身近な女性を差別していることには気づきもしなかった」

このことがきっかけで私はその後、少しずつではあるが、ジェンダーや差別の問題を自分自身に引きつけて考えようと努力するようになったのではないかと思う。

こうしてネパールは、私にとって駐在員としての赴任地であると同時に、初めて結婚生活を送る場所にもなったのだった。

住民が主体となる識字教育の手法

ネパールに戻った私は、最初の二カ月間はもっぱらＣＳＤとの農村開発プロジェクトの準備に時間を割かねばならなかったが、その合間を縫ってＳＰＡＣＥともカマイヤ再定住地で行う調査について打合せを進めた。前回の調査から判断すると、再定住した元カマイヤたちは、これまでの土地獲得運動を通じて、すでにかなりよく組織されているようだ。しかし、土地は手に入れたものの、住居をはじめとする生活環境はまだ整っておらず、再定住地で暮らしていくにはいくつもの課題がありそうだった。

そこで、私たちはこの再定住民たちの支援から始め、彼らの経験に学びつつ、彼らが行ってきた活動の土台の上にプロジェクトを築くのが最善の方法ではないかと考えた。だから、調査の進め方も、外からやって来た専門家が住民の状況を調べてプロジェクトの内容を決めるのではなく、住民自身がＳＰＡＣＥの助けを借りながら自分たちの生活の実態を調査し、自分たちがこれまで行ってきた活動を今後どう発展させていくかを考えるようにしたかった。ＮＧＯが準備したプロジェクトに住民が参加するのではなく、文字どおり最初から住民がつくるプロジェクトにしたかったのだ。

そんなことを話し合っているとき、ケシャブがまた一つ耳寄りな話をもってきた。ＳＰＡＣＥのパートナー団体の一つであるアクション・エイドが、意識化のコンセプトにもとづいた識字教育の新しい手法を開発し、その研修に彼が参加してきたと言うのだ。ＲＥＦＬＥＣＴ《リフレクト》(1)と呼ばれるその手法の手引き書を借りて読んだ私は、思わず「これだ!」と叫んでしまった。

意識化を識字教育の場で実践する際、もっともむずかしいのは、住民同士の活発な話合いを喚起するテーマをどう探し出すかだった。ＳＰＡＣＥが「借金」や「雄牛」といったキーワードをめぐる話合いから「負債解消グループ」や「雄牛共済グループ」の結成へとつなげた事例を先に紹介したが、これは実際には非常な手間と根気を要する作業で、ＳＰＡＣＥといえども常にうまくいっているわけではない。

「これは」と思う単語で授業をしても、それが住民自身による問題解決に向けた行動にまでつながる例はむしろ稀だった。このため、識字学級を活動に取り入れている援助団体の多くは、自分たちでテーマを探すことを諦め、あらかじめ編集された全国共通版の教科書を使うようになっていた。だが、そうなると扱われるテーマはそれぞれの地域に固有の問題からは離れてしまい、住民同士の話合いはますます低調になってしまう。

この問題をＲＥＦＬＥＣＴは、ＰＲＡ《ピー・アール・エー》と呼(2)ばれる調査手法の応用によって解決しようとしていた。ＰＲＡは、それまで専門家主導で進められることが多かった農村調査を、住民主体へと変えるために考案されたもので、従来の質問表によるアンケート調査に代わって、住民自身が身の回りにある品物を使ってさまざまな図表を作成しながら調査を進められるように工夫されていた。たとえば、住民が集まって地面に石、枝、葉、種などを使って村の地図を描いたり、いろいろな長さに切った紙を使って雨量、労働、収入などの季節による増減を示すグラフをつくるのである。

ＲＥＦＬＥＣＴでは、住民がつくったこれらの図表をそのまま識字教育の教材として使用する。だから、教科書の絵に描かれている架空の村ではなく、自分たちの村に固有の問題を授業でそのまま取り上げることが可能になる。私たちがこれから始めたいと思っていた調査にまさにピッタリの手法だった。

「こいつは素晴らしいアイデアだ。バルディヤ郡の調査でもぜひ使ってみようよ」

私とケシャブはすっかり意気投合した。

カナラ運動のリーダー

九五年九月、ネパールでは野党第一党だったネパール会議派が、王政の強化を党是とする国民民主党と連立を組み、少数与党の統一共産党を政権の座から引きずり下ろしてしまった。それまでカマイヤ支援に積極的だった政府の政策がどう変わるのか、気になるところだ。東京からシャプラニールの斎藤千宏代表と川口事務局長がネパールに出張してきたのは、ちょうどこのころだった。ネパールでの活動開始に先立って、その候補地を視察するのが目的である。私は二人を案内して、最初にCSDとの活動候補地に向かい、その後バルディヤ郡に回った。

バルディヤ郡ではSPACEのシュリラム・チョードリー(3)という若手スタッフが、宿泊先のホテルで私たちを待っていた。彼とは私がシンドゥリ郡のSPACEの活動地を訪問したときに顔を合わせたことがある。タルー出身で、カマイヤ再定住地での調査が正式に始まった暁にはバルディヤ郡への異動が内定していた。聞けば、父親がダン郡で一時期カマイヤとして働いたこともあり、今回のシャプラニールとの調査には個人的にも大いに関心をもっているという。

私たち四人がラスクマナ村に向かうと、幸い今度はカナラ運動のリーダーも在宅していた。家の奥から出てきた男性は、概して小柄な体つきのタルーには珍しく大男で、いかにも筋金入りの運動家といった雰囲気を全身から漂わせている。

「私たち三人はシャプラニールという日本のNGOから来ました。彼はSPACEというネパールのNGOのスタッフです。私以外の三人は今日が初めてですが、私は半年ほど前に一度この村に来たことがあります。そのときはお会いできなくて残念でしたが、お連れ合いからカナラ運動のことを聞かせていただき、とても関心をもちました。それで、今日はもう少しお話をうかがいたいと思ってやって来たのですが」

シュリラムに頼んで私の挨拶をタルー語に通訳してもらうと、それまで訝《いぶか》しそうな表情を浮かべていたその男性はようやく相好をくずし、自分はラメッシュ・チョードリー（仮名）であると名乗り、握手の手を差し出してきた。私たちがカナラ運動についていくつか質問を始めると、彼は片手を上げて「ちょっと待て」といった仕草をすると、家の中に入り、一冊の古いノートを抱えて戻ってきた。中を見ると、何やらびっしりと書き込みがしてある。いったい何が書いてあるのだろうか。

「自分がこれまでに書きとめたカナラ運動の記録である」

シュリラムを介してこの返事を聞かされた私たち三人は、そろって色めきたった。

「そいつはすごい。これを訳したら、きっといろいろなことがわかるぞ」

無知で、無力。そう形容されてばかりいるカマイヤのなかに、自らの意志で地主の下から逃れ、政府を相手に土地を要求し続けて再定住を果たし、おまけにそのプロセスを自ら書きとめていた人物がいたとは！　私たちは口々にラメッシュに対し賞賛の言葉を述べていた。

このときは最初から表敬訪問程度と考えていたので、彼のノートに書かれていることについてその場で詳しい質問はしなかったが、私たちがカマイヤの問題に関心をもっていること、その解決のために彼らの体験から学びたいと思っていることを伝えた。そして、「近くＳＰＡＣＥのスタッフがもっと詳しく話を聞くためにこの村にやって来ることになると思うので、そのときはよろしく頼む」と言って、ラクスマナ村を後にした。

実際に現場を自分の目で見、カナラ運動のリーダーとも直接会えたことで、斎藤・川口の両氏は再定住地での調査にすっかり前向きになっていた。同行したシュリラムも、興奮を抑え切れない様子だ。

「いままで自分たちタルーは他のネパール人から搾取される一方の無力な存在だと思っていたけれども、こんなに勇敢で強い人たちがいたなんて」

調査の骨格を決める

それから二カ月ほど、私はＣＳＤとの活動計画を仕上げる作業に忙殺されたが、一二月までにはＳＰＡＣＥとの間で、カマイヤ再定住地の調査について表2のような骨格が固まった。

短期的には、再定住地で何らかの支援活動の開始をめざす。長期的には、それを入口として、いまなお地主の下におかれているカマイヤたちへの支援の道をも探る。これが私たちの考えた戦略だった。

こうして、いよいよ翌九六年一月から再定住地での調査をスタートさせていく。見積もられた必

表２　カマイヤ再定住地の調査計画概要

（１）調査の目的

① カマイヤ再定住民の生活実態を調べ、その向上のために直ちに実施が可能なプロジェクトについての提案をまとめる。

② カマイヤ制度全体に対する理解を深め、いまなお地主の下で働かされているカマイヤのために、将来的にどのような支援の可能性があるかを検討する。

（２）おもな調査項目

① 再定住民の現在の定住パターン、生計の手段、生活上の問題点。

② 再定住民の現在の組織のあり方や活動内容。

③ カマイヤの起源と変遷。

④ 現在のカマイヤ制度およびそれを支えるさまざまな利害関係。

⑤ カナラ運動の起源、経緯および成果。

⑥ カマイヤの農業、牧畜、建築、医療などにかかわる知識。

（３）調査方法

① 全調査期間を通じてＳＰＡＣＥの職員数名が再定住地に住み込み、住民と生活をともにしながら調査を進める。

② 最初の二週間ほどは調査は行わず、もっぱら住民との信頼関係の構築に努める。

③ その後、住民へのインタビューやグループ・ディスカッションをとおして、基本的な情報収集を開始する。

④ さらにＰＲＡやＲＥＦＬＥＣＴなどの手法を活用して、住民自身が自分たちの生活上の問題を話し合い、その解決策について提案をまとめられるように支援していく。

⑤ この間、ＳＰＡＣＥ本部のスタッフは定期的にバルディヤ郡に出張して調査の進み具合をチェックし、現地の調査チームが必要とする後方支援を行う。

⑥ シャプラニールは調査に必要な経費を全額負担し、駐在員を通じ、必要に応じて調査の進捗状況をモニターする。

（４）調査期間

六カ月。

要経費は一九万ルピー。日本円で約三八万円の予算での活動開始だ。

当初は途方に暮れたメンバーたち

一月一四日、SPACEのチームがカマイヤ再定住地での住み込み調査を開始した。その時点では、メンバーはシュリラムをはじめ計四名である。

SPACEでは当初メンバー全員をタルー出身者で固めるつもりでいたが、後からむしろタルー以外の視点も加わったほうがよいと考え直した。そこで、カトマンズ盆地の先住民ネワールの出身で、識字トレーナーとしての経験が豊富なジャガッド・マハルジャンを登用した。三人目のメンバーはカマル・バンダリ。高位カーストのバフン出身[4]で、他のNGOのスタッフだ。中部の平野地帯で先住民族支援にかかわったときの経験が役立ちそうだということで、半年間に限って参加してもらった。チームで一番明るい性格の若者だった。

以上の三人が一つずつ別々の集落に住み込みながら調査を行うのに対して、現地とカトマンズを往復しながら全体の調整役を務めるのがアニール・バッタライだ。彼もバフン出身でSPACEの職員ではなかったが、かつて私がエッセイ[5]で読んだ農村女性による植林プロジェクトにかかわった経験があり、意識化を通じた住民主体の活動づくりに精通していた。

ケシャブも私も女性を少なくとも一人は調査チームに加えたかったのだが、厳しい暑さのなか、住民と同じ条件で五カ月も生活するという条件を呑んでくれる候補者を、ネパールで、しかも調査を任せられるだけの高い教育を受けた女性たち（それは多くの場合、中・上流階級出身者を意味する）から探し出すことはむずかしかった。結局、ウマ・チョードリーというタルー出身の女性をチームに加えられたのは、三月中旬である。

調査チームが住み込んだのは、いずれもカナラ運動で再定住を果たした人びとが暮らす集落である。ラメッシュが住むラクスマナ村（七九世帯、四六五人）に、カイレニ村（一三六世帯、四九四人）とハライヤ村（八〇世帯、四一一人）を加えた計三つの集落が選ばれた。いずれもラメッシュから紹介された集落だ。シュリラムがカイレニ村に、ジャガッドとウマがラクスマナ村に、カマルがハライヤ村にそれぞれ住み込むことになる。

と、こう書くといかにも簡単そうだが、実際には村に住み込むまでが一苦労だった。

調査に先立ってチームの一行は、まずバルディヤ郡全体の状況を知るためにカマイヤ再定住地の集落をいくつか見て回ったが、どの集落でも住民は、まずラメッシュと相談するように言うばかりなのだ。どうやら、外部の人間が再定住地の人びとと話をする場合には、彼を通すことになっているらしい。調査の出だしからチームは、再定住民の間でラメッシュの影響力がいかに強いかを痛感させられたのだ。

チームから相談を受けたラメッシュは、先にあげた三つの集落でそれぞれバドガーと呼ばれる人物に彼らを紹介した。各集落で村長のような役割を果たしているバドガーは、「外部の人間が村にやって来たときは、まず村全体の集会を開き、その場で訪問の目的を説明してもらうのが、自分たちのやり方である」と言う。そこで、メンバーは、自分が調査を担当するそれぞれの村で集会を開いてもらい、「カマイヤやカナラ運動について皆さんから学ぶためにやって来ました」と来訪の目的を告げた。住民に過大な期待を抱かせないようにとの配慮から、支援活動を始めるための調査であることは伏せられていた。

こうしてバドガーの了解を得て、彼らはそれぞれの村に五カ月間住み込むことを許された。しかし、その後も住民たちはバドガーを通してしか、チームのメンバーと接触しようとしない。チームが村に受け入れられたのは、あくまでもラメッシュとバドガーのおかげであって、まだチーム自体が住民から信頼されたわけではなかったのだ。

「最初は二週間ほど住民と生活をともにし、基本的な信頼関係ができてから、本格的に調査を開始しよう」というのが、私たちが考えていた作戦だった。だが、文字どおり「住民と生活をともにする」ことは、ネパール人の彼らにとっても最初は相当に苦痛だったらしい。

ハライヤ村の調査を担当したカマルは、当時の心境を次のように回想している。

「私は住民たちの状況がこんなに悲惨だとは想像していなかったし、こんなにも粗末な家（藁葺き屋根でドアも付いておらず、部屋は一つしかない）に住んでいるとも思っていなかった。人びとの暮らしの様子を理解するために、私たちは彼らと生活をともにし、彼らと同じものを食べ、彼らの社会生活に参加することになっていた。私は絶望した。どうしてこんなところに来てしまったのか。どんな仕事が待っているのか。せめて食事と寝場所くらいは問題のない、もっとましなところはないのか[6]」

一方、同じネパール人でもタルー出身のシュリラムの場合は、さすがにそうした「カルチャー・ショック」は少なかったようだ。しかし、そのシュリラムですら、住民との信頼関係を築くはずだった最初の二週間に、想像もしていなかった些細なことが原因で住民から誤解されてしまった。以下は、彼の手記である。

「再定住地について私が事前に抱いていたイメージは、実際にカイレニ村で見たものとさほど違いはなかったし、私がタルーであり、彼らの言葉を知っていることは、他のメンバーにはない利点であった。それでも、最初はいろいろと問題にぶつかった。村人たちは私に対して、最初はとても懐疑的だった。彼らの多くは統一共産党政権のときに土地の権利を手に入れたが、そのころ、統一共産党に代わって新たに政権についた連立内閣がその権利を取り消すのではないか、という噂が流れていたのだ。そのため、私が『ＳＰＡＣＥから来た』と言ったとき、住民たちはそれをＳＰ（Superintendent Police＝警察署長）だと誤解した。それで、彼らは私が警察から送り込まれたスパイで、いま住んでいる土地から彼らを追い出すために来たと思い込んだ。さらに、私がたまたま『プラティバ』という文字が表紙に印刷されたファイルを持っていたのを見て、私がそのあたり一帯の大地主であるプラティバ・ラナの一味だと考えた[7]」

タルー出身のシュリラムですらこのあり様なのだから、他のメンバーは推して知るべしだ。これらは後日すべて笑い話になったが、いつまで経っても腹を割って話をしようとしない住民たちに、

出稼ぎ先の父親から届いた手紙を再定住地の家族に読み聞かせてあげているジャガッド（右端）。再定住地で暮らす女性の多くは読み書きができない

調査チームのメンバーは当初、途方に暮れていた。

徐々に信頼を勝ち得ていく

そんな事態を変えるきっかけとなったのが、住民の一人が巻き込まれた交通事故だった。住み込み調査も二カ月目に入ったある日、ラクスマナ村近くの車道で住民の男性一人がオート三輪にはねられたのだ。男性はしばらく意識不明となり、その間にオート三輪は走り去ってしまった。村の一人の少年がたまたま一部始終を目撃していたが、自分ではどうしたらいいのかわからず、ジャガッドに知らせに来た。

ジャガッドは住民たちに、けが人を近くの診療所まで運ぶように頼むと、自分は他の数人と協力してオート三輪の運転手を探し出し、警察に連れて行った。男性のけがはかなり重傷で、すぐに隣町の病院で治療を受ける必要があることがわかる。警察は運転手に対して、治療費を全額負担するように指示した。ジャガッドはけが人を病院に連れて行き、不慣れな住民たちに代わって入院手続きをしたり、運転手に間違いなく治療費を払わせるのに中心的な役割を果たした。結局、男性は一週間後に退院できたが、この間ジャガッドはそばについて看病するとともに、何度も病院と村を往復して、家族に容体を伝えて安心させたのだ。

他の二つの村でも、これほどドラマチックではないにせよ、いくつかのできごとがあった。ハライヤ村では、住宅一棟が全焼する火事が起きた。カマルはその家族が警察に火事について報告する書類を書く手助けをし、彼らが当面生活していけるように住民たちが募金や援助を募った際に、個人的に寄付をした。地区の林野事務所に住宅再建のための支援を要請し、木材の配給を受けられるように手配したのも、カマルだ。カイレニ村では住民の一人が亡くなり、知らせを受けたシュリラムは自分も葬式に参列し、遺族が葬式に必要な物を買うための金を個人的に貸し与えた。

このように調査チームのメンバーが、村のさまざまなできごとのなかで、住民の状況を気にかけていると具体的な態度や行動で示したことが、彼らとの関係に非常によい影響を与えた。もっとも、住民たちの調査チームに対する疑念が完全に晴れたわけではない。たとえば、各世帯がどれくらい土地を持っているかについては相変わらず口を開こうとしなかった。しかし、以前よりは彼らに心を開き、ふつうは外部の人間には知らせない情報も教えてくれるようになっていく。

黒板を自ら作った女性たち

住み込み調査開始から三カ月後の九六年四月中旬、私は七カ月ぶりにバルディヤ郡を訪ねた。もっと早く来たかったのだが、ケシャブから「日本人の君が行くと、住民はどうしてもいろいろと憶測するだろう。調査チームと住民との関係がそれでも影響を受けないと自信をもてるようになるまで、しばらく待ってほしい」と言われ、二度も訪問の予定を延期してきたのだ。

四月のバルディヤ郡では、日中の気温は四〇度近くに達する。その炎天下を歩いて、私はハライヤ村にカマルを訪ねた。彼が住んでいたのは、木の枝で造った壁に藁で屋根を葺いただけの粗末な家だったが、強い日差しの下ではトタン屋根の家よりもずっと涼しくて、しのぎやすい。とにかく外が暑いので、カマルは朝夕の涼しい時間帯に村を回るようにしていた。

ふつうに村回りをしただけでは、村の女性たちは恥ずかしがってなかなか話をしてくれない。そこで、女性たちが集まりやすい環境をつくるために、二週間前から女性のための識字学級も始めたという。当初はチーム内で一番カルチャー・ショックを受けていたカマルだが、三カ月が過ぎたいまはタルー語も覚え、すっかり村での生活に馴染んでいるようだ。

二本の太い木の枝に打ち付けたベニヤ板が、部屋の隅に立てかけてある。木肌のままのベニヤ板には白いチョークで文字が書きつけてあり、どうやら識字学級で黒板代わりに使っているらしい。識字学級は夜からなので、それまで彼の部屋で待たせてもらう。

夕方になって村の女性が二人やって来て、一人がベニヤ板を外に運び出し、もう一人はカマルから懐中電灯を借りて出て行った。「夜の識字学級に備えて準備をしているのだな」と私は思った。ところが、部屋のベッドで一時間ほどウトウトして、ふと外を見ると、先ほどのベニヤ板が真っ黒に塗られて、庭先で乾かされている。いつの間にかベニヤ板が黒板に早変わりしていた。私はびっくりして飛び起きた。

「いったい、どうやったんだい」

「ああ、あれか。懐中電灯の中に入っていた古い乾電池をほぐして、中の炭素棒を砕いたやつを、水で溶いて塗ったんだろう」

いったい何をそんなに驚いているんだと、カマルは怪訝そうな表情だ。

私が驚いたのには、わけがあった。私はそれまでに調査でネパール各地の村を訪ねていたが、私が日本人であるとわかると、住民は、あれがない、これがないと言って援助を求めるのが常だった。「識字学級を開きたいので黒板を援助してくれないか」という要求も、何度聞かされたかわからない。ところが、である。ハライヤ村の女性たちは日本人の私が目の前にいるにもかかわらず、身の回りにある物を使って、ごく当たり前のように自分たちで黒板を作ってしまったのだ。

「何かとてつもなく素敵なことが、この村で始まっているのかもしれない」

私は夜の識字学級が待ち遠しくて仕方なくなった。

ハライヤ村の女性識字学級。女性たちが作った黒板が見える

教科書のない識字学級

日もとっぷりと暮れた夜八時過ぎ、一軒の農家の庭先に二〇人ほどの女性たちがランプを手に集まって来た。識字学級に参加するためだ。だが、教科書は持っていない。どうするのだろうか。

全員が集まったことが確認されると、一皿の灰が運び込まれ、地面に約二m四方の広さで撒かれた。それから、カマルが女性たちに呼びかけた。

「今日は文字の勉強の前に、皆で村の地図を描くことにしよう」

だが、そこにいる女性たちは「地図」がどういうものであるかがよくわからず、混乱している様子だ。灰が撒かれた地面の上にカマルが指で線を描きながら、言った。

「いま灰が撒かれて地面が白くなっている

ところ全体が村だとして、私たちがいまいる場所がここだとしたら、Xさんの家はどこになると思う？」

たぶんこのクラスでもっとも活発なのだろう。名前を呼ばれた女性が前に出て、自分の家があると思われるあたりに指で印を付けた。

「この村には、森のほうに行くのと、市場のほうに行くのと、二つの道が通っているけど、それはどう描いたらいい？」

村の道が灰の上に二つの線で描かれ、森が葉っぱに、市場が小石に置き換えられるころには、他の女性たちも目の前で何が進行しているのかが次第にわかってきたようだ。そして、次に村の家を一軒一軒、種に置き換えて示し始めると、黙って様子を見ていた女性たちの態度が一変した。

「私の家は、もっと森の近くだわ」

「私の家だって、道の反対側に描かなきゃ変よ」

こうして、作業を始めてから一時間ほどで、目の前にはクラスの参加者全員の家が描き込まれた地図ができあがった。すると、カマルは黒板に、白のチョークで、四角の上に三角を載せた簡単な家の絵を描き、さらにその下にネパール語で「ガル」と書いた。「ガル」は「家」を意味する言葉だ。

「じゃあ今日は、このガルという言葉に使われている『ガ』と『ル』の文字を勉強しよう」

文字の勉強をしながら、女性たちはいまの家を建てたときの思い出話に花を咲かせた。家に使う木材をどうやって森から伐ってきたか。皆でどうやって仕事を分担したか。さらに、彼女たちの記憶は自分たちがカナラの森に住んでいたころへと溯り、警察が自分たちの家を壊していったときのつらい思い出なども語られていった。

タルー語はもちろんネパール語の理解さえ十分ではない私には、残念ながら彼女たちの会話を直接は理解できない。それでも、この日カマルが、カナラ運動やその後の再定住の過程で女性たちがどのような役割を果たしたのかについて、いくつか重要なポイントを聞き出せたらしいことはわかった。この識字学級こそが、実はＲＥＦＬＥＣＴの手法を使った調査の一コマだったのだ。

寝耳に水

現地の様子にすっかり満足して、私はカトマンズに戻った。ところが、ＳＰＡＣＥの本部を訪ねると、意外な知らせが私を待っていた。何とケシャブがＳＰＡＣＥを辞めると言うのだ。

「自分はかれこれ一五年もＳＰＡＣＥのスタッフをやってきた。事務局長になってからでも、四年になる。僕が事務局長になったころ、ＳＰＡＣＥは外国からの援助を打ち切られて大変だったけど、いまではシャプラニールも含めて三つの外国のＮＧＯから支援を受けられるまでになった。そろそろ次の事務局長にバトンタッチすべきではないかと思う。それに、自分にとっても、一つの組織だけで仕事を続けることがいいとは思えない。実はアクション・エイドから情報・調査部の部長として働いてみないかと誘われているんだ」

まったく寝耳に水だった。カマイヤの問題に取り組むことを一度はあきらめかけた私が「SPACEとなら」と思えたのも、再定住民に巡り会い、調査をここまで続けられたのも、ひとえにケシャブの力によるところが大きい。ショックだった。何とか思いとどまってほしかった。しかし、彼には彼の人生がある。大手の外国NGOの、しかも部長ポストを提示されるなどというチャンスは、この国ではそうそうめぐってくるものではない。そう思うと、無理には引き止められない。私は、「事情はわかったが、いまバルディヤ郡で進めている調査だけは最後までしっかりやりとげてほしい」と頼むのが精一杯だった。

前年九月に政権を取った連立内閣は、前政権ほどにはカマイヤ支援に熱心ではなく、国会でのカマイヤ廃止法案の審議も棚上げになってしまった。このような情勢のなかで、カナラ運動のリーダーであるラメッシュからは「SPACEといっしょに活動したい」という要望が寄せられていた。ケシャブの意見は、こうだった。

「ラメッシュには独裁的な一面もあり、注意が必要だが、彼らの組織を今後より民主的なものへと変えるよう働きかけていくためにも、提案を前向きに検討したい」

私は答えた。

「調査の結果がまとまっていない現時点では即答できないが、どのような協力が可能か検討を進めてほしい」

発病そして一時帰国

六月二一日、SPACEから調査報告書の最初の草案が提出されたが、取りあえず書けた部分だけを出したという感じで、調査の結果よりはその過程に関する記述が中心だった。私は調査でわかったことを早くまとめるように催促するのと合わせて、提出された部分についてのコメントを準備していた。その矢先の二三日、突然、原因不明の病気に襲われた。

もとはつま先にあった小さな傷が、誤ってサンダル履きのまま足を水溜まりに突っ込んだ後、化膿したのが始まりだ。最初は傷の部分がちょっと腫れる程度だったのだが、そのうちつま先から始まった痺《しび》れが日を追って膝、腿、腰へと移り、最後には激しい頭痛が襲ってきた。足から入った何らかの病原菌が全身を這い上がって頭にまで到達したとしか思えない。私は激しい痛みと不安で眠れぬ夜を過ごした。だが、翌朝にはそれもおさまり、痛いところはどこもなかった。

やれやれ、どうやら大事には至らず菌は自然と体から抜けたらしい。そう思ったのもつかの間、今度は耳の具合がおかしいことに気がついた。あらゆる音が妙に上がったり下がったりして聞こえるのだ。まるで回転速度の狂ったテープを聞いているようだった。それだけではなく、音そのものが小さくしか聞こえない。

カトマンズの大学病院で聴力検査をしてもらうと、左の耳は通常の三割以下、右の耳も半分くらいの聴力しかなかった。診察にあたったネパール人医師は、いかにも自信なげに言った。

「おそらく何かのウィルスが原因ではないかと思う。一応ステロイド剤を処方しておくけれども、効果はあまり期待しないでくれ」

この時点で私はいったん回復をあきらめかけたのだが、当時ネパールの日本大使館で経済協力を担当していた池中さんという方のお連れ合いが小児科医だったことを思い出して、電話してみた。

池中夫人は電話で私から病状の経過を聞くと、はっきりとした口調でこう告げた。

「同じ症状の患者さんの話を聞いたことがあります。急性難聴という病気でしょう。一刻も早くステロイド剤を投与して、死にかけている聴覚神経を蘇らせる必要があります。そのネパール人医師の診断は正しいと思いますが、内服薬だけでは不十分かもしれません。入院して点滴投与を受けるのがいいのですが、ネパールの病院では心配です。バンコクの病院なら大丈夫かもしれませんが、大事をとって日本に帰国して治療されることをお勧めします。とにかく時間の勝負です。間にあえばもとどおりに回復しますが、手遅れになればその後はどんなに治療しても直りません」

礼を言って電話を切った私は、そのまますぐに東京の川口事務局長の自宅に電話を入れて事情を説明。翌七月三日、急遽治療のため帰国することになった。私は書き上げたばかりのコメントをケシャブに渡すように妻に頼むと、カトマンズ空港からバンコク経由で成田に飛んだ。

（1）　Regenerated Freirian Literacy through Empowering Community Technique（コミュニティーの技術向上を通じたフレイレ型識字教育の再生）の略称。詳しくは Archer, David & Cottingham, Sara (1996), Reflect Mother Manual, Action Aid を参照。

（2） Participatory Rural Appraisal（参加型農村調査法）の略称。詳しくはChambers, Robert (1997), Whose Reality Counts?: Putting the First Last, Intermediate Technology Publications（ロバート・チェンバース著、野田直人・白鳥清志監訳『参加型開発と国際協力——変わるのはわたしたち』明石書店、二〇〇〇年）を参照。

（3） ネパールでは、名前の姓にあたる部分には通常カーストか民族の名称が使われる。チョードリーはネパールでタルーの人びとが共通して用いる名前である。

（4） ヒンドゥー教徒の生活規範を定めた古典「マヌ法典」は、人をブラーマン（司祭）、クシャトリア（戦士）、ヴァイシャ（商工人）、シュードラ（奴隷）の四つの階層（「ヴァルナ四姓」と呼ばれる）に分けている。ネパールで多数派を占める山地系ヒンドゥー教徒のカーストでは、ブラーマンが「バフン」、クシャトリアが「チェットリ」と呼ばれ、ヴァイシャの階層は完全に欠落しており、シュードラも少数の「ガルティ」と呼ばれるカーストが存在するだけである。なお、ネパールのおもな低位カーストであるカミ（鍛冶屋）、ダマイ（仕立屋）、サルキ（皮革職人）は、ヴァルナ四姓外のいわゆる「不可触カースト」である（三瓶清朝『ネパール紀行——文化人類学の旅』明石書店、一九九七年）。

（5） 第3章（6）に同じ。

（6） SPACE（1996）, Participatory Action Research with the Tharus in Bardiya: Preliminary Research Document, Jan.-May, 1996.

（7） SPACE(1996), op.cit.

第6章　提出された報告書

適切だったネパール人医師の処置

成田空港に着いた私は、千葉市の実家に荷物を置くと、その足で東京・渋谷の日赤医療センターに急行する。耳鼻科でもう一度聴力検査をしてもらうと、カトマンズの大学病院での検査時に比べて数値はかなり回復していた。ネパールで処方してもらった薬が効き始めていたらしい。診察した医師は言った。

「よかったですね。手遅れになると、まったく聞こえなくなってしまうこともあるんですよ」

「ネパールで相談した日本人の医師からは、入院してステロイド剤を点滴投与してもらったほうがいい、と言われたのですが」

「そうですねえ。でも、入院するとなるといろいろ大変でしょう。このまま様子を見てみましょう」

「えっ？　このままって、薬もいま飲んでいるやつでいいんですか？」

「ええ、検査の数値を見ると、よく効いているみたいですから。このままでいきましょう」

てっきり点滴チューブにつながれるものと思っていた私は、ホッとすると同時に何だか拍子抜けしてしまった。結局、最初に診てもらったネパール人医師の処置で十分だったわけだ。こうなると、あわてて日本に帰って来たことが、ちょっと恥ずかしくなった。とはいえ、本当にこのまま順調に回復するかどうかは、少なくとも二週間は経過を見る必要があるというので、私は実家から通院しながら治療を続けることにした。

カマイヤの起源とタルー社会の共同生産の仕組み

幸い、耳は順調に回復に向かい、七月下旬にはほとんど元の聴力を取り戻していた。そして、カトマンズにいる妻の手を経由してSPACEから調査報告書の第二稿が届く。ケシャブからの手紙も同封されていた。

「定松さん、その後、耳の具合はどうだい。報告書の草案へのコメント、ありがとう。それを読んで、僕はつくづく、君といっしょに報告書をまとめる作業ができたらよかったのに、と思ったよ。いま僕は来月からアクション・エイドで仕事を始めるための準備と、SPACEの仕事を後任者に引き継ぐ作業を同時に進めなければならず、目が回るほど忙しい。その合間を縫って、どうにかこの報告書を仕上げた。ぜひ、また君の感想を聞かせてほしい。こちらではいま、後任者のドゥルバと、シャプラニールに提出する活動計画書の執筆を進めているところだ。君が早くよくなって、元気でネパールに戻って来るのをスタッフ一同心待ちにしている。ケシャブより」

届いた報告書は、全文五〇ページにも及ぶ長大なものだった。(1)そこには「カマイヤはもともとタルーの社会にあったものではないのか」という私たちの仮説を裏付ける、きわめて興味深い発見が書かれていた。

再定住民たちの証言によれば、「カマイヤ」とは、もともとタルーの家族のなかで男性に割り当てられていた役割の呼称であり、搾取的な意味はまったくなかったという。この言葉はタルー語で「よく働く人」とか「家族の稼ぎ手」を意味し、かつては家長以外の成人男性はすべてカマイヤと呼ばれ、耕作をはじめとする重労働全般を担当していた。タルーの男性はこのほかにも、家族全員に食糧や衣類などが公平に行き渡っているかをチェックする「ブクラハ」や、収穫された農産物を管理して、食糧として備蓄する量、売りに出す量、翌年の種籾として保管する量を調整する「コタリ」などの役割を分担していた。

一方、女性たちは、農地でカマイヤの仕事を助ける「カムラハリ」や、食事の準備を担当する「オルガニヤ」などの仕事を担当していた。子どもや老人たちも同様だ。「チェグラワ（山羊の世話）」→「バルディヤ（雄牛の世話）」→「バイサルワ（乳牛の世話）」と、体力や年齢に応じて、より大型で熟練を要する家畜の世話を順次担当していった。

タルーの家族がこのように仕事を細かく分担していたのには、わけがある。タルーの伝統的な家族構成は三世代から四世代がいっしょに暮らす拡大家族であり、一家族の人数が一五〇人に達する

図3　タルーの共同生産の仕組み

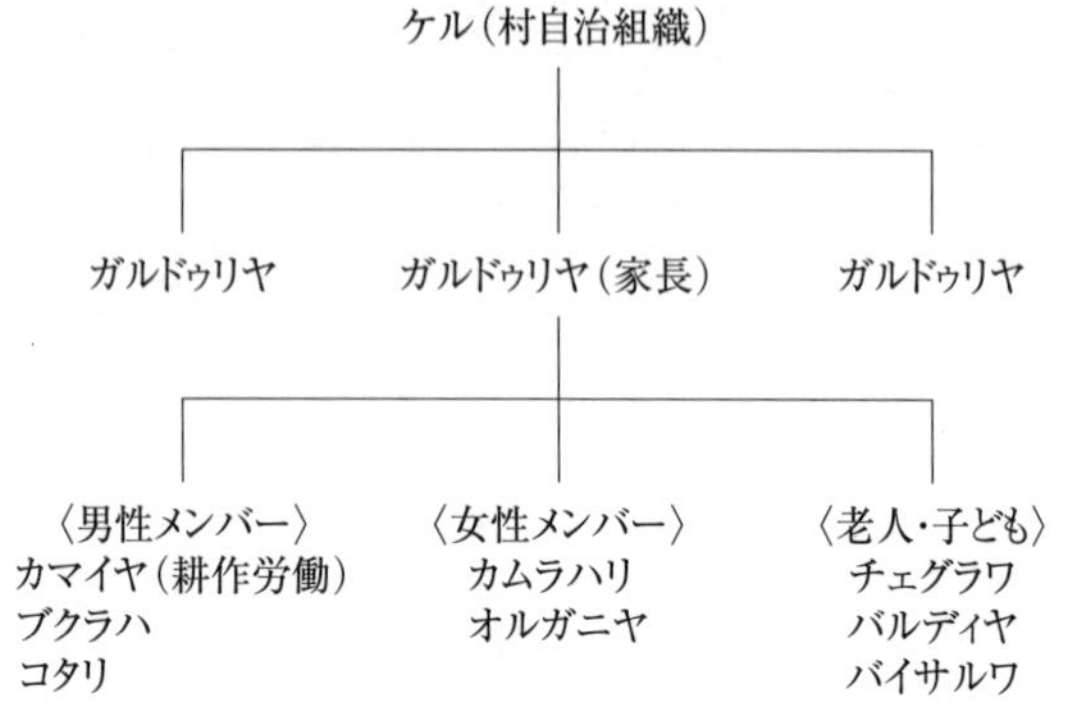

場合すらあった。彼らは土地を共同で管理し、耕作し、家畜の世話をする。収穫は家族全員に平等に分けられ、妊婦に対しては胎児の分を追加で配分する習慣すらあったという。

このような共同生産の仕組みをスムーズに動かすため、タルーの家族では「ガルドゥリヤ」と呼ばれる家長のもと、各自の体力や男女の別に応じて細かく仕事を分担する必要があったのだ。そして、各世帯のガルドゥリヤは村の自治組織「ケル」の構成メンバーとなり、そのなかから「バドガー」と呼ばれる村長が毎年一回互選され、村全体の活動の調整を行っていた（図3参照）。

このように、現在のカマイヤが地主から課せられている、子どもから老人に至るまでの労働サイクルも、元来はきわめて合理的な背景をもっていたのだ。

ネパール統一の歴史とタルー

タルーの社会にもともとあったカマイヤが、後に搾取的なものへと変質してしまったのは、なぜだろうか。この問いへの答を探るにあたって、私たちはまずネパール全体の歴史とそこでタルーが果たしてきた役割を知る必要がある。

かつては「秘境」と言われたネパールは、いまでは世界最高峰エベレスト（ネパール名：サガルマータ）をはじめとするヒマラヤ登山やトレッキングのメッカとして、世界各地から大勢の観光客が訪れるようになった。カトマンズを歩いていると六〇〇年以上前に起源を遡る古い寺院や王宮の建物が見られ、古色蒼然とした旧市街の街並みとあいまって、ネパールという国自体が長い歴史をもっているかのように思われがちである。だが、これらはほとんどが、カトマンズの先住民族ネワールによって築かれた建物だ。そのころのネパールは、カトマンズ盆地を中心に少なくとも六〇の小王国に分かれていた(2)。

ネパールが現在とほぼ同じ領土をもつ国として統一されたのは、実は一八世紀も後半に入ってからだ。当時インドではイギリスの東インド会社が勢力を拡大しており、これらの小王国もバラバラのままでは、イギリスの植民地にされてしまう恐れがあった。そこで、現在のゴルカ地方から出て一七六八年にネワールのカトマンズ王朝を征服したプリティビ・ナラヤン・シャハ王が、周辺の小王国をそれぞれの自治権を大幅に認めながら次々と支配下におき、一八世紀末にネパール全土を統一する(3)。

統一を果たしたものの、農業はもっぱら丘陵地帯を中心に営まれており、インドとの国境沿いに広がるタライ平野はほとんどがジャングルのままだった(4)。一八一四～一八年の英国・ネパール戦争によってイギリスとの国境を確定したネパール政府は、タライの本格的な開拓に乗り出していく。

その手段の一つが、シャハ王家や一八四六年から執権政治を行ったラナ家、さらにはその支援者たる貴族・軍人に対し、報奨または俸給としてタライ平野の土地を与えることだった。(5)

しかし、当時タライ平野には熱帯病マラリアがはびこっており、丘陵地帯の人びとは生活できなかった。そのとき、不在地主の彼らに代わって開拓者となったのが、生まれつきマラリア抗体をもつと言われる先住民族タルーだったのだ。(6)

当時は地主一人あたりの土地所有面積が広く、労働人口が少なかったこともあって、小作人が受け取る報酬は比較的高かった。その一方で、自作農になると政府への納税義務が生じるので、タルー自身も自作農になるよりは小作人として生計を立てることを好む場合が少なくなかったという。(7)

また、タルーにはもともと土地の私有概念がなく、かつ当時のタライ平野では西に行けばいくらでも未開墾地が残っていたので、地主や政府が法外な地代や租税を取り立てる場合には、耕作を放棄して他の地域に移動した。(8)

このようなタルーの動きに連れて、タライ平野のフロンティアも東から西へと次第に移動していった。この意味では、タルーこそがタライ平野開拓の最大の功労者であると言っても過言ではない。

土地を奪われたタルー

二〇世紀前半までは、タルーは小作人として働いている家族も含めて、従来の共同体的な暮らしを維持していた。それが一変したのが、一九五八年からネパール政府がタライ平野一帯で実施した

郵便はがき

料金受取人払

落合局承認

555

差出有効期間
平成16年5月
14日まで

郵便切手は
いりません

161-8780

(受取人)
東京都新宿区下落合
一—五—一—一〇—一〇〇二

コモンズ

行

お名前	男・女	(歳)
ご住所		
ご職業または学校名	ご注文の方は電話番号 ☎	

本書をどのような方法でお知りになりましたか。

1. 新聞・雑誌広告（新聞・雑誌名
2. 書評（掲載紙・誌名
3. 書店の店頭（書店名
4. 人の紹介　　5. その他（

ご購読新聞・雑誌名

裏面のご注文欄でコモンズ刊行物のお申込みができます。書店にお渡いただくか、そのままご投函ください。送料は380円、6冊以上の場は小社が負担いたします。代金は郵便振替でお願いします。

読者伝言板

今回のご購入
書籍名

ご購読ありがとうございました。本書の内容についてのご意見、今後、取り上げてもらいたいテーマや著者について、お書きください。

<ご注文欄>定価は本体価格です。

ODAをどう変えればいいのか	藤林泰・長瀬理英編著	2000円	冊
日本人の暮らしのためだったODA	福家洋介・藤林泰編著	1700円	冊
開発援助か社会運動か	定松栄一	2400円	冊
ボランティア未来論	中田豊一	2000円	冊
いつかロロサエの森で	南風島渉	2500円	冊
スハルト・ファミリーの蓄財	村井吉敬 ほか	2000円	冊
軍が支配するインドネシア	S・ティウォン編著	2200円	冊
ヤシの実のアジア学	鶴見良行・宮内泰介編著	3200円	冊
サシとアジアと海世界	村井吉敬	1900円	冊
NGOが変える南アジア	斉藤千宏編著	2400円	冊
安ければ、それでいいのか!?	山下惣一編著	1500円	冊
地球環境よくなった？	アースデイ2000日本編	1200円	冊

DDT散布による「マラリア撲滅プロジェクト」と、それに続く丘陵地帯から平野地帯への移住奨励政策である。

ネパールではこれに先立つ一九五一年に、ラナ家による執権政治が終わり、近代国家の建設に向けた政策がようやく本格的にスタートした。そのころの大きな課題は、四七年にイギリスから独立を果たした強大な隣国インドに対して、国境沿いのタライ平野をいかに「ネパール化」するか、である。ネパールとインドは五〇年に通商・通過協定を結び、以後両国民はパスポートなしで国境を通過でき、輸出入品も無関税とされたので、うかうかしているとタライ平野全体がインドからの移民に占領されてしまう恐れがあった。一方、丘陵地帯では人口の増加から農地が不足し、新たな農地の提供が急務とされるようになる。この二つの問題を同時に解決する手段として登場したのが、先に述べた丘陵地帯から平野地帯への移住政策だった(9)。

この政策によってもっともマイナスの影響を被ったのがタルーだった。丘陵地帯から移住して来た人びとは、タルーが読み書きができず、政府に対して自らの立場を主張できないことにつけ込んで、彼らが耕作していた土地をさまざまな手法で騙し取っていったのである。今回、私たちが調査に入った再定住地で暮らす人びとは、現在はバルディヤ郡に住んでいるものの、以前はもっと東のダン郡に住んでいたことがわかった。彼らがバルディヤ郡に移ってきたのも、まさに丘陵地帯からの移住者に土地を騙し取られたからにほかならなかった。タルーが実際にどのように土地を奪われたかについて、再定住民の証言を二つ紹介したい。

証言1

現在ダン郡ウラヒ村カチラ地区に住む地主Aは、次のような方法でタルーから土地を騙し取った。あるとき、この地域のタルーの若者たち全員が「バビヨ」と呼ばれる野草を刈りに森に出かけた。これはロープを作る原料となる繊維を集めるために毎年同じ時期に行われるもので、若い男性全員が何日間も森に入って共同で作業をする。男たちがバビヨを刈り終わるころになると、女たちも森に出かけて行き、刈り取ったバビヨを村まで運ぶ手伝いをする。Aはこのときをねらってタルーの村に入った。そして、村に残っている老人たちに、登記手続きをしないと政府がお前たちの土地を没収してしまうぞ、と告げたのである。自分たちの土地を取り上げられては大変と、老人たちは彼といっしょに土地の登記所に行って、彼らの土地を登録した。Aが所有者として登録されるとも知らずに……

証言2

現在ダン郡のバラワ村に住む地主Bは、初めてこの地域にやって来たとき、柑橘系の果物から採れたジュースを持って来た。Bはそのジュースをタルーが持っていた米と交換し、その米を次回自分がやって来るときまで村で預かってほしいと言った。そして、その預り証であると言って、タルーに書類の上に拇印を押させた。四年後に再び村にやって来たBは、その書類を見せて、タルーが当初口頭で合意した量の何倍にもあたる米をBに支払うことになっていると主張し、もし支払えないなら警察に訴えると脅した。自分の正当な立場を証明する術のなかったタルーは、米の代わりに自分たちの土地を差し出すほかなかった。

こうして、それまで自作農であったタルーは土地を失っていく。また、小作人として働いていたタルーに対しても地主からさまざまな嫌がらせが加えられるようになった。一九六四年に農地改革法が成立し、一人あたりの土地所有面積に上限が設定されたため、小作人が土地の権利を求めて行動を起こせば、自分たちの立場が危うくなると地主たちは恐れたのである。多くのタルーの小作人が耕作地から追い出されたり、土地の権利を要求しないよう地主から脅かされたりした[10]。

その結果、ダン郡に住んでいたタルーのなかから、「地主の嫌がらせに耐えて働き続けるよりは、再び自由な未開墾地を求めたほうがまし」と、西のバルディヤ郡に移動する者が多く出た。ところが、このころまでにはネパールの土地制度が法的に整備されていたので、国内には所有者のない土地はもはや存在しない。土地を奪われたタルーは、地主のもとで小作人として生きていく以外に術がなくなってしまったのである。

変質したカマイヤの概念

マラリア撲滅以後タライ平野に移住した人びとのなかには、政府の移住政策の後押しを受けたエリート層だけでなく、丘陵地帯の村から出てきた貧しい農民たちも含まれていたため、この地域では労働人口も急増した。ところが、それとは逆に、地主一人あたりの土地所有面積はその後の分割相続によってさらに狭くなり、必要とされる小作人の数も減少していく。この結果、タルーは土地を失っただけでなく、以前よりも不利な条件でしか地主と小作契約を取り交わせなくなってしまった。

再定住民の証言によれば、かつては耕作した土地から得られた収穫の七分の一を地代として地主に納めればよかったという。ところが、六分の一、五分の一、四分の一、三分の一と次第に引き上げられ、いまでは最低でも二分の一を支払わなければ小作人として雇ってもらえなくなった。しかも、この条件で小作契約を取り交わせるのは、鋤を引かせる雄牛二頭を自前で準備できる者に限られている。

こうした変化にともない、タルーの家族のあり方も変化した。先に紹介した「ブクラハ」や「コタリ」のように資産の共同管理を目的とした役割は必要がなくなり、ほとんど見られなくなってしまった。しかし、「カマイヤ」は「労働力」にきわめて近い意味をもっていたため、本来の意味とはまったく別の搾取的な目的で、地主に利用されることになる。

今日、カマイヤという言葉は「地主との契約で働く農業労働者」を意味する。タルーの立場からすれば、家族内での関係を意味する言葉から地主との関係を意味する言葉に変質したわけである。しかも、債務を負ったカマイヤの場合、地主の下で働くのは本人だけでなく、家族全員だ。その労働分担の仕方は、タルーが共同生活を送っていたころとほとんど変わりはない。異なるのは、自分の土地の代わりに地主の土地を耕し、自分の家畜の代わりに地主の家畜を世話しなければならないことである。そして、とうとう現在ではタルー自身も、カマイヤという言葉を「農奴」と同様の否定的な意味合いでしか使わなくなってしまった。

再定住運動が成功した理由

それから何世代にもわたって同じ地主の下で働くことを余儀なくされたカマイヤたちは、奴隷として生きることを運命として受け入れたかのように見えた。だが、民主化が起きた直後の九〇年四月、四九三九世帯のカマイヤが一斉に土地を求めてバルディヤ郡のカナラの森を占拠した。

彼らがその後五年近くにわたって政府を相手に土地獲得運動を続け、再定住を果たした経緯については、第4章で紹介した。私たちが今回の調査で知りたかったのは、彼らがどうやってこんなにも多くの人数を一挙にカナラの森に移動できたのか、またそれまでまったく開墾もされていなかった森の中でどうやって五年間も生活していけたのか、である。

タルーの伝統的な社会のシステムは、地主に利用されることで彼らを奴隷同然の地位におとしめてしまった。ところが、なんとその同じシステムが、今度は彼らに土地を取り戻させるうえで大きな役割を果たしたのだ。

この運動を指導したタルーのリーダーたちは、森の占拠を決意すると、各集落のバドガー（村長）に協力を依頼した。バドガーたちは自分の集落のメンバーをケル（自治組織）を通じて動員する役割を引き受け、バドガーの指示を受けたガルドゥリヤ（家長）がそれぞれの家族を動員する。自分の家族を動員し終わったガルドゥリヤは、自分たちに近い親族にも運動への参加を働きかけ、さらにその親族が別の親族に呼びかけた。こうして、ごく短期間のうちに多数のタルーがこの運動に加わった。

森で生活していくために、彼らは土地をケルごとに分け、さらに各バドガーが世帯ごとに割り当てて耕作させた。だが、これだけでは生き延びていくには十分ではない。このときの運動に参加したメンバーの家族が一部地主の下にとどまり、運動継続のための物資や資金をひそかに調達して後方から支援したのである。これは、タルーの家族構成が伝統的に拡大家族だったために可能であった。実際タルーのなかでもすでに核家族化が進んでいた世帯は、この運動に参加できていない。

土着の住民組織ケルが集落単位や世帯単位での結束を強めるのに大きな役割を果たす一方で、政府との交渉や外部の知識人らに対する協力の呼びかけは、ネパール語を話せる若い世代のリーダーたちが担当し、「カナラ委員会」と呼ばれる新しい組織をつくった。その委員長が、あのラメッシュだ。

ケルとカナラ委員会という新旧二つの組織が連携を取りながら、運動を成功へと導いたのだった。

調査結果が意味するもの

これらの発見は、重大な意味をもっていた。カマイヤがもともとはタルーの社会から生まれたという事実は、従来の「カマイヤ＝債務奴隷」という考え方に根本的な修正を迫るものだったからである。タルーの親族間でカマイヤ契約が取り交わされているケースがあるように、カマイヤであるというだけでそのすべてを奴隷制度の被害者とみなすことは誤りであり、搾取の有無や程度については個々のカマイヤと地主との関係をより詳しく調べなければならないことがわかった。

もう一つのポイントは、再定住民たちの社会が、当初私たちが想像していたよりも複雑だったということだ。大雑把に言えば、ケルは村の内部、カナラ委員会は村の外部の事柄を担当しているようだったが、両者の役割分担には曖昧なところもある。私たちは、カマイヤの問題に取り組むにあたって、この再定住地を入口にできないかと考えていた。しかし、そのためにはこの二つの住民組織との付き合い方を慎重に考えなければならない。とくにカナラ委員会は、それまでの土地獲得運動の経緯から、統一共産党をはじめとする左派系政党との結びつきが強いことが報告書で指摘されており、注意が必要だった。

一方、今回の調査がすべてをカバーできたわけではない。再定住民たちは、カマイヤの起源や、彼らが過去にどんな辛酸を舐めてきたか、どうやってカナラ運動を成功に導くことができたかについては、積極的に情報を提供してくれた。しかし、現在の生活にかかわる事柄についてはなかなか口を開いてくれない。これまであまりにもひどい搾取を受けてきたために、外部の人間に対してとても警戒心が強かったのである。

　そのため調査チームは、こちらが聞きたいことよりも、再定住民たちが話したいことのほうから先に調査を進めざるを得なかった。この判断は適切だったが、結果的にこの半年間の調査でも、再定住民たちが現在どうやって暮らしているのかについてはよくわからなかった。私たちが当初期待していた「住民が自ら生活の実態を調べ、現在の活動をどう発展させていったらよいかを考える」という段階には、まだほど遠い。もう少し調査を続ける必要がありそうだった。

　八月九日、耳の治療を終えた私は再びネパールに向かう。妻がカトマンズで待っていることもあって、このころには「ネパールに行く」というより、「ネパールに帰る」という心境になっていた。

（1）本章中の調査結果に関する記述は、ＳＰＡＣＥよりシャプラニールに提出された報告書（SPACE (1996), *Participatory Action Research with the Tharus in Bardiya: Preliminary Research Document, Jan.-May, 1996*）に全面的によっている。

（2）「一八世紀後半の国家統一以前に存在した政治区分を理解することなく、ネパール農業史の意義ある解釈を行うことは難しい。現在ネパール王国を形成している地域は、当時少なくとも六〇の小王国が分立支配していた」（マヘシ・Ｃ・レグミ著、蓮見順子訳『一九世紀ネパールの農業社会』明石書店、一九九八年、一九ページ）

（3）当時の国名はゴルカランドと言い、「ネパール」はもともとカトマンズ盆地だけを意味する言葉だった。

（4）ただし、タライ東部ではすでに小王国の時代から、それぞれの王国の委託を受けてタルーが開拓を進めていたことを示す資料が、二〇〇〇年に出版された。G. Krauskopff & P. D. Meyer (ed.) (2000), *The*

Kings of Nepal & the Tharu of the Tarai: Fifity Royal Documents 1726 to 1971, Ruska press / CNAS.

（5）前掲（2）、五三〜七三ページ。

（6）インドからの移民による開拓も、併せて進められた

（7）Guneratne, Arjun (1996), The Tax Man Cometh: The Impact of Revenue Collection on Subsistence Strategies in Chitwan Tharu Society, *Studies in Nepal History and Society* 1 (1) :5–13, June, 1996.

（8）Guneratne, Arjun (1994), *The Tharus of Chitwan: Ethnicity, Class, and the State in Nepal*, unpublished Ph.D. thesis, University of Chicago, p.84

（9）Guneratne, Arjun (1994), op. cit.

（10）ただし、このときに土地を手に入れたタルーも少数ながら存在する。

第7章　暗　転

物別れに終わった交渉

私がネパールに戻るとすぐ、ケシャブが後任のドゥルバ・マハルジャンを連れて事務所にやって来た。新たに事務局長になったドゥルバは、SPACE設立時のメンバーの一人で、それまではセーブ・ザ・チルドレン(1)・UKというイギリスのNGOで仕事をしていたという。ケシャブと同様、いつも笑顔を絶やさない好人物との印象を受けたが、タルーやカマイヤにかかわるのは今回が初めてだそうで、その点が不利に働くことは避けられそうになかった。

彼らがやって来たのは、事務局長交代の挨拶とあわせて、今後のバルディヤ郡での活動に関するプロポーザル（提案書）を提出するためだった。そのなかでSPACEは、再定住民の現在の生活に焦点を当てた調査の一年間の継続を提案していた。ただし、調査だけを行うのではなく、ニーズがある程度判明している分野では試験的に支援活動も始めたいという。

彼らが提案した「試験的な支援活動」のなかには、識字学級や家庭菜園づくりなどと並んで「カナラ委員会への支援」が含まれていた。これは、「カナラ委員会に専従職員を一名おきたいので、その人件費一年分を負担してほしい」というラメッシュからの要請にもとづいたものだ。SPACEとしては、この要請に応じることで、カナラ委員会の組織力を強化し、SPACE単独では調べられない事柄についても情報が得られるようになる、と期待していた。また、カナラ委員会と具体的な協力関係に入ることで、現在ラメッシュによる独裁的な指導が目立つこの組織を、よりオープンで民主的なものへと変えていくように働きかけたい、とも考えていた。

これに対して、日本で受け取った報告書にあった「カナラ委員会は現地の左派系政党と強い結びつきがある」という一行が気になっていた私は、「もう少し慎重に考えたほうがよいのではないか」という意見を述べた。しかし、SPACEからは重ねて要請があり、予定されていた支援額も一万八〇〇〇ルピー（約三万六〇〇〇円）とわずかである。私は「人件費を負担することになる職員の任務について、カナラ委員会側と事前によく話し合い、文書で確認を取ること」を条件に、SPACEの提案書をシャプラニール東京事務所にはかる、と回答した。

しかし、東京事務所からは、まず調査の継続について疑問が呈された。すでに半年間の調査を行ったのに、さらにその倍の時間を調査にあてるのは長すぎる、というのだ。コメントには「政治的な影響、駐在員の安全なども十分視野に入れて検討願います」とも書かれており、明記はされていなかったものの、カナラ委員会への支援に対して慎重な姿勢が感じられた。もともと再定住地での調査を始めるときの話合いでも、「先住民族の問題に外国のNGOが直接かかわることの危険性」

を心配していた東京事務所だけに、この反応は予想外ではない。届いたファックスを読んで、私は「困ったことになったな」と思った。前回ケシャブと話したときの印象から、彼がすでにラメッシュに対してかなり肯定的なニュアンスの返事をしたのではないかと感じていたからだ。

東京事務所からの連絡によれば、この件を協議するために一〇月に川口事務局長がネパールに出張して来るという。SPACEと東京事務所の間に立って、両者の意見の食い違いをどう調整するか、むずかしい役割が私に課せられることになった。

それまでは、私の意見が東京の執行部ですんなりと受け入れられない場合でも、何かと私を支持する側に回ってくれていた川口事務局長だったが、カナラ委員会への支援に関しては意外なほど頑《かたく》なに反対意見を主張して譲らなかった。理由は、こうだ。

「ネパールでは、政治問題にかかわらないことが外国NGOとして活動の認可を受ける条件の一つとされている。先住民族の土地問題はとりわけデリケートであり、左派系政党との結びつきが指摘されるカナラ委員会にうかつにかかわれば、シャプラニールのネパールでの活動そのものが停止に追い込まれかねない」

しかし、カナラ委員会に対していまさら「何の支援も行わない」と返事をするわけにはいかない状況に現場ではなっているのではないか、という点が私は気がかりだった。ドゥルバは、前任者のケシャブがラメッシュとこの件でどのようなやり取りをしたのか正確にはつかんでいなかったが、やはり何らかの形でカナラ委員会への支援は行ったほうがよいと考えていた。妥協点がなかなか見出せない。

やがてドゥルバのほうから、「人件費を支援するのではなく、SPACEからカナラ委員会にカマイヤに関する調査を一定の条件で委託し、報告書の提出と引き換えに調査料を支払うことにしてはどうか」という案を出してきた。「組織の支援ではなく、調査の委託という形にすればいいのではないか」というのだ。川口氏も一応了解してくれたので、私たちはこの線でラメッシュとの話合いに臨むことにした。

バルディヤ郡では、「シャプラニールが交渉の前面に出るのはよくない」との配慮から、川口氏と私は別の場所で待ち、ドゥルバ一人がラメッシュの説得にあたった。

「開発NGOであるSPACEは、土地獲得運動を目的とするカナラ委員会を直接は支援できない。しかし、SPACEが委託する調査を引き受けてくれるなら、その費用の負担はできる」

だが、ラメッシュは、「この件はすでにSPACE側と合意ずみである」と主張して、妥協案に最後まで首を縦に振らなかった。交渉は物別れに終わってしまう。

ラメッシュの反発

カトマンズに戻ってSPACEと提案書について再度協議した結果、調査期間については九六年一一月から九七年四月までの半年間に短縮した。識字学級や家庭菜園への支援活動が盛り込まれたため、予算は第一段階の調査時の四倍以上に相当する八〇万ルピー（約一六〇万円）が計上されたが、「カナラ委員会への支援」の部分はすべて削除。こうして、第二段階の調査は不安を抱えてスタートする。

不安はすぐに現実のものとなる。それまでSPACEの現地スタッフを受け入れてくれていたラメッシュが、調査への協力を拒むようになったのだ。現地からの報告によれば、彼はSPACEがカナラ委員会とシャプラニールの間に入って妨害しているのではないかと疑い、シャプラニールとの直接交渉を要求しているという。

ラメッシュはなぜ、そのようなことを言い出したのだろうか。改めてこれまでの経緯を振り返ってみると、いろいろと思い当たるふしがあった。

私たちが初めてラメッシュに会ったとき、その場に居合わせたのはほとんどがシャプラニールの関係者だった（九六ページ参照）。SPACEのシュリラムもいるにはいたが、彼はタルーの出身だったし、まだ二〇代前半の若者だったから、歴戦の運動家であるラメッシュから見れば取るに足らない存在に見えただろう。これに対してシャプラニールからは、代表と事務局長と現地駐在員が来ていた。役職名を彼にいちいち告げたわけではないが、いかにも日本のNGOから幹部たちが来たとの印象は免れなかったであろう。

SPACEの報告によれば、再定住地には私たちより前にも、いくつかのNGOが訪ねて来たことがあったようだ。だが、井戸を掘ったり、トタン屋根を配るといった自分たちの活動上のノルマをこなすだけで、誰も彼らの体験に耳を傾けようとはしなかったらしい。そこへ日本のNGOから幹部とおぼしき人物が三人もやって来て、ラメッシュが綴ったカナラ運動の記録に、そろって多大な関心を示したのだ。その後のSPACEによる住み込み調査はすべてこのときのシャプラニールとの出会いから始まった、と彼が考えたとしても無理はない。

一方、ラメッシュに対して支援の要請を断る返事を伝えたのは、シャプラニールではなくSPACEであり、しかもカナラ委員会への支援に積極的な姿勢を見せていたケシャブではなく、後任のドゥルバだった。そうした事情もあって、ラメッシュは「SPACEはだめでも、シャプラニールならわかってくれる」と思ったのであろう。

ラメッシュが非協力的な態度を示し始めたことは懸念材料ではあったが、このときはまだSPACEに対する反発は再定住地の住民に広く共有されていたわけではない。反発はラメッシュ個人のものだったし、その彼ですら調査に積極的に協力はしないまでも、妨害しようという態度ではなかった。

直接交渉

第二段階の調査が始まって一カ月後の一二月、現地ではSPACEのスタッフを対象にPRA（九五ページ参照）のトレーニングが行われた。これからは住民にもっと調査のリーダーシップを取ってもらいたいという意図から企画したのだ。このトレーニングの様子を視察するため、私は二カ月ぶりにバルディヤ郡に出張した。ドゥルバにも声をかけたが、彼はどうしてもカトマンズを離れられない用事があり、同行できなかった。

トレーニングの会場になっていた宿に私が着いたとき、調査チームのメンバーはその日予定していたスケジュールをちょうど終えたばかりで、これからラメッシュに会いに行くところだった。ラメッシュは依然としてSPACEがシャプラニールとの間に入って妨害していると思い込んでいるので、誤解を解くべく説明に赴くのだと言う。それを聞いて、私はその場で考えた。

「こうなったら、私が直接ラメッシュに会おう。そして、カナラ委員会への支援を断ったのはSPACEの妨害によるものではなく、シャプラニール自体の意志であることをはっきりさせたほうがよい」

幸いそこに居合わせたPRAのトレーナーが英語に堪能だったので、彼に英語からネパール語への通訳を頼むことにした。

ラクスマナ村で私たち一行とラメッシュとが顔をそろえたところで、話合いが始まる。今回はラメッシュの誤解を解くのが目的だったため、私が前面に出て話を進めた。

「最近あまり調査に協力してくれなくなったそうだが、どうしてなんだい」

「どうも前と違って、話が合わなくなってきたのでね」

「そちらから支援の要請があったことは、SPACEから聞いている。あなたたちがこれまでの土地獲得運動で示した勇気と忍耐には、私も個人的に尊敬の念を抱いている。しかし、SPACEからは、カナラ委員会は統一共産党とのつながりが深いとの報告も受けている。シャプラニールはネパール政府から外国のNGOとして、政治的に中立の立場を守ることを義務づけられている。カナラ運動の主旨に反対するわけではないが、私たちとしては特定の政党とつながりのある団体は支援できないのだ」

「政府に土地の配分を求めるためには、その時々で政権を担当している政党に働きかけなければならない。自分たちの要求に理解を示してくれる政党なら、どことだって付き合う。別に統一共産党とだけ付き合っているわけではないし、まして自分たちは彼らの下部組織などでは絶対にない」

「もしカナラ委員会が特定の政党とつながっていないのなら、支援を行う可能性はある。ただし、その場合でも、こちらが人件費を負担する以上、専従職員がどのような役割を担うのか、事前に私たちと合意することが条件となる。私たちは再定住地に住む人びとが行う開発事業への支援はできても、土地獲得運動への支援はできないからだ」

「この件はすでに一度合意した話だ。いまになって開発への支援はできるが、土地獲得運動への支援はできないと言うなら、お前たちだけで勝手に開発をやれ」

ラメッシュは最後にそう捨てぜりふを吐くと、私たちを残して自分だけ席を立って外に出て行ってしまった。

残念ながらラメッシュを説得はできなかったが、少なくともSPACEがシャプラニールとの間に入って妨害しているわけではないことは、わかってくれたであろう。これから彼がどのように反応するか気がかりだったが、私としては後をSPACEの現地スタッフに任せて、カトマンズに引き上げるしかなかった。

一時撤退

ちょうど同じころ、もうひとつの現地パートナーであるCSDと進めていた農村開発プロジェクトで、ネパール政府のプロジェクトと活動地域が一部重複する問題が持ち上がる。その調整のために、私は年が明けた九七年一月にCSD本部のスタッフとともに現地に出張しなければならなくなり、二週間ほどカトマンズを留守にした。政府、CSD、住民の三者による合意を何とかとりつけてカトマンズに戻ってきた私を、今度はドゥルバからの衝撃的な連絡が待ち受けていた。

私との会談で支援への最後の望みを断ち切られたラメッシュは、私がバルディヤ郡を去った後で激しく立腹し、再定住地の住民全員に「今後SPACEには一切協力するな」との指示を出したというのだ。一月からSPACEは「試験的な支援活動」の一環として、家庭菜園用の野菜の種を住民に配付し始めていたが、ラメッシュの怒りにふれることを恐れた住民たちは、一度SPACEから受け取った種をすべて返しに来た。さらにREFLECTがきっかけで始まった女性の識字学級も、血気盛んな若者たちから「このまま続けていると、お前たちの身に何が起きても知らないぞ」と脅し文句を投げつけられる事態になり、中断せざるを得なくなったそうだ。

ドゥルバはこの件について私と至急連絡を取りたかったらしいのだが、私が出張で留守だったため、単身バルディヤ郡に急行し、調査チームとともに今後の対応策を話し合って帰ってきたところだと言う。とにかくいまの状況では調査の継続は不可能だし、このまま村にとどまり続けると調査チームの身にも危険が及びかねないので、いったん彼らをカトマンズに引き上げさせ、ラメッシュの怒りが静まるのを待ちたい、というのが彼の意見だった。

再定住地の住民はラメッシュの手前、SPACEに非協力的な態度を取っているが、ドゥルバが個別に聞き取りをしたところでは、今回の顚末についてはSPACEに同情的な意見を述べる住民も少なくなかった。そこで、しばらく時間をおいた後で、もうひとつの住民組織であるケルを通じて調査再開の道を探りたいという。具体的には、こうだ。

住民に「いずれは帰って来る」という姿勢を印象づけるため、調査チームが引き上げる際にも彼らの持ち物は村に置いたままにする。その後は、SPACEに同情的な住民から定期的にカトマンズのSPACE本部に電話連絡を入れてもらい、現地の状況を把握する。ラメッシュの怒りが静まってきたら、ドゥルバがバルディヤ郡に赴き、ケルのリーダーらとコンタクトを取り、調査を再開できるようラメッシュへのとりなしを頼む。

現地に同行できず詳しい状況がわからなかった私は、彼の意見を受け入れるしかなかった。

SPACEからの糾弾

カトマンズに引き上げてきた調査チームはSPACEの事務所に寝泊まりしながら、それまでに集めたデータの整理と分析を始めた。私も作業に参加したいと申し入れたのだが、ドゥルバは「自分たちのほうで案をまとめるまで待ってほしい」と言うばかりだ。その後も私のほうから「途中経過でもいいから、とにかくいままでにわかったことを報告してほしい」と頼んだが、なしのつぶてだった。

その後、ドゥルバが何度かバルディヤ郡に足を運び、ケルのリーダーたちやカナラ委員会の他のメンバーらと接触した結果、調査チームは予定されていた調査期間の最終月である四月に入って、ようやく現地での調査を再開できた。当然、調査は当初の計画に比べて大幅に遅れていたが、シャプラニールの次年度の活動計画・予算に反映させるためにSPACEからはいったん報告書を提出してもらわなければならなかった。ところが、締め切りの四月末になっても、SPACEからは「ドゥルバ事務局長が病気で自宅療養中のため、報告書の執筆が進んでいない」との連絡があったきり音沙汰がない。

何度も催促したあげく、締め切りを一週間以上も過ぎた五月九日の夜になって、ようやく報告書が届いた。だが、その「報告書」はたったの三ページしかなく、しかも、そこには調査結果の報告の代わりに、住民やSPACEとのシャプラニールの接し方を非難する文章が綿々と綴られていたのだ。私の顔から血の気が引いていった。以下が、そのときに提出された「カマイヤ再定住地における第二段階調査報告書」の全文（訳）である。

背景

バルディィヤ郡のカマイヤ再定住地での調査報告を行う前に、この間のSPACE内部での事情を簡単に説明したい。

前事務局長がSPACE本部での職務を後任者に引き継ごうとしていたとき、バルディィヤ郡では調査チームのコーディネーター(2)が契約期間の終了にともない現場を離れなければならなくなった。このため、調査チームは現場においてしばらくの間、自分たちだけで調査を続けなければならなくなった。本部と現場の両方で、この調査をリードしてきた人物がいなくなってしまったのである。

前事務局長は新しい職場に直ちに移らなければならず、一方後任の事務局長は一〇月からしか着任できなかったので、両者の間ではほとんど引継ぎがなされなかった。後任の事務局長は着任初日から、シンドゥリ郡での活動に関する年次計画と予算の編成作業に忙殺された。この作業が終わるまでバルディィヤ郡の調査に対して時間を割くことができず、現場の状況を理解するまでにかなりの時間がかかってしまった。

第二段階の調査はいかに進められたか

バルディィヤ郡での第二段階の調査は、最初から暗礁に乗り上げた。この問題は、カナラ委員会のリーダーであるラメッシュ・チョードリーが、ＳＰＡＣＥに対し資金援助を要請したことに始まる。彼らの組織基盤を強化し、バルディヤ郡のカマイヤについて独自に実態調査を行いたい、というのが理由だった。ＳＰＡＣＥはこの要請を前向きに検討する旨回答し、具体的な支援額をシャプラニールへの提案書に盛り込んだ。シャプラニールのネパール駐在員は、最初この要請に対し懸念を表明したものの、最終的には拒否はしなかった。この提案書はＳＰＡＣＥの前事務局長および現事務局長両者の立ち会いのもとで、シャプラニールのネパール駐在員に直接手渡された。

しかし、その後日本から川口事務局長がネパールにやって来ると、川口・定松の両氏は「カナラ委員会は政党と強いつながりがある」ことを理由に、カナラ委員会への資金援助を拒否した。カナラ委員会が本当に政党と強いつながりがあるかどうかについては、この報告書の別のところでふれたい。いずれにしても、ＳＰＡＣＥ事務局長が川口・定松両氏と話し合った結果、ＳＰＡＣＥが委託した調査のための費用を支払うという形であれば、カナラ委員会への支援は可能ということになった。

しかし、ＳＰＡＣＥから当初の合意どおりには資金援助がなされないことを伝えられたラメッシュは、以後ＳＰＡＣＥに対して次第に非協力的な態度を取るようになる。さらに、定松氏がラメッシュと直接会談し、「カナラ委員会は統一共産党とのつながりが強いとの報告をＳＰＡＣＥから受けているので、そのような組織への資金援助はできない」と伝えた。しかし、実際にはSPACEは、シャプラニールに対し「カナラ委員会は統一共産党とのつながりが強い」とは決して報告していない。

この会談後、ラメッシュは「SPACEはスパイ活動を行っていた」と激怒し、再定住地の住民にSPACEに協力しないように指示を出した。このような経緯から現地での調査は二重にマイナスの影響を受けることになった。しかし、その責任は現地の調査チームにも現事務局長にもない。このように述べたからといって、私たちは特定の個人を責めているわけではなく、事実を述べているにすぎない。だが、今回の経験から私たちが学ぶべき教訓は数多くある。

結局、第二段階の調査に予定されていた期間のほとんどすべてを、私たちはカナラ委員会からの資金援助要請をめぐる問題への対応に充てなければならなくなった。当初の計画ではこの期間中にさまざまな活動を行う予定になっていたが、それらを実施しようという私たちの試みはすべて無駄に終わった。

今回の調査から得られた教訓

①　これまでの調査の経過を振り返ると、私たちはカナラ委員会の存在を初めから重要視していた。それは、当初SPACEからシャプラニールに提出した調査計画書を見ても明らかである。ところが他方、私たちは調査のためにカナラ委員会から多くの時間を割いてもらっているにもかかわらず、彼らからの支援要請は断っている。これは大いなる矛盾であ

る。実際、現地の調査チームには、このような行為は倫理に反するとすら感じられた。もし私たちが中流以上の階層に属する学者や知識人にこうした調査への協力を依頼すれば、その見返りとして多額の協力費を請求されるであろうことは想像にかたくない。

カナラ委員会からの資金援助要請に対してSPACEが肯定的な回答をしたことが正しかったかどうかはまた別の問題であるが、お金をめぐる問題だけで調査がここまで暗礁に乗り上げてしまうのは不当である。現地での実施機関であるSPACEに対しても、ある程度の決定権が与えられてしかるべきではないだろうか。これは、私たちの対応に柔軟性が欠けていたことをも意味する。今回の経験は、私たちにとって大変な苦痛をともなうものであった。調査チームはこの問題を解決するために、実に多くの時間と労力を割かなければならなかった。

②「カナラ委員会が政党と強い結びつきがある」ということについても、別の見方が必要である。これまでにさまざまな政党がカナラ委員会を自分たちの勢力下に取り込もうと画策したことは事実であるが、だからといってカナラ委員会が特定の政党の下部組織であるかのようにみなすのは誤りだ。いま私たちはカナラ委員会と、とくにアドボカシー（政策提言）の分野で協力し合えるのではないかと考えている。

③ＲＥＦＬＥＣＴの手法を用いた識字学級を行う前に、ＳＰＡＣＥは他団体によって実施されている識字学級の形態や性質についてもっとよく調査すべきであった。私たちのＲＥ

FLECTがもっぱら情報の収集を目的として行われたことも問題だった。識字学級での話合いから始まる活動のために予算が別途確保されているべきであるが、そうなっていなかった。また、REFLECTを行うに際して、SPACEが過去に行った識字学級での経験をもっと活かすべきであった[3]。

④　今回の経験から得られた教訓のひとつは、この種の調査はそれを始めた人が最後までやりとげるべきだ、ということである。

⑤　もうひとつの教訓は、「調査」とは住民からあらゆることを聞き出し、それを外部に公表することではない、ということである。

⑥　シャプラニールの代表が現場に出かけて行き、SPACEからどんな情報の提供があったかを住民に伝えることは、現場での活動にとって何の助けにもならない。

⑦　報告に関していえば、SPACEがシャプラニールに対して報告するだけでなく、シャプラニールも自らが住民とどのようなやり取りを行ったかをSPACEに対して報告することが大切である。

⑧　シャプラニールの関係者による現場訪問は、むしろマイナスの効果を生み出すことが多い。住民がドナー（援助提供者）と直接接触しようとしたがるからである。私たちがここで反省点としてあげているもろもろの事項は、私たちの「パートナーシップ（協力関係）」がどうあるべきかとも関係がある。これまでのSPACEの経験では、ドナーがここまで

直接現場にかかわろうとした例はない。
⑨　この種の調査をうまく進めるためには、本部と現場とが継続的に双方向のコミュニケーションを確保することが大切である。
⑩　私たちが現場でどのような活動をするかを考えるに際しては、住民たちが過去に開発に関してどのような経験をしてきたかを考慮に入れる必要がある。バルディヤ郡周辺ではSPACEのほかにも援助団体がいくつか活動しているため、再定住地の住民はSPACEも同様な活動を行うのではないかと期待する傾向がある。もっとも、それらはいずれも、多くの資金や資材を必要とするものばかりであるが……。
⑪　これまで再定住地の住民たちと交流してきた結果、私たちはケルという彼らの土着の組織と協力できるのではないかと考える。私たちがこの土着の住民組織のさまざまな好ましい側面について指摘したところ、住民たちはとても喜んだ。このときの私たちとの話合いがきっかけになって、バドガー（村長）たちはケルが主体となってどんな開発を始められるかを考えるようになった。
⑫　簡単に言えば、私たちは今後もカナラ委員会とケルの双方とバランスを取って付き合っていく必要があると考える。

これだけだった。

東京では翌日にネパール委員会の開催が予定されており、事務局からはバルディヤ郡での第二段階の調査経過について何らかの報告を出すように催促が何度も来ていた。カナラ委員会とのトラブルが原因で調査が中断していたことは東京にも知らせてあったが、その後は何も報告を送れていなかったので、無理もない。

この報告書に書き加えたいこと、反論したいことは山ほどあったが、それを書いている時間的余裕はない。それでも、SPACEがカナラ委員会との問題を現時点でどのように考えているかを東京にそのまま伝えることは、それはそれで意味があるかもしれないと思い直した。不本意ではあったが、「事務局側の参考情報にとどめ、ネパール委員会のメンバーにはそのまま回覧しないでほしい」とのただし書きだけを付けて、私はこの報告書をそのまま東京に転送した。

このころから、めっきり白髪が増えた。

（1）Save the Children（セーブ・ザ・チルドレン）は一九一九年にイギリスで設立されたNGO。当初は第一次大戦の敗戦国であるドイツとオーストリアの子どもたちの救援を目的につくられた。創設者の一人であるエグランタイン・ジェブによる「児童権利憲章」は、後に国連の「子どもの権利条約」の基礎となった。現在、三〇団体の国際ネットワークが一〇〇カ国以上で活動しており、戦争・天災などで被害を受けた子どもたちの緊急救援のほか、開発援助への取組み、児童労働や少年兵の問題に対するキャンペーンなども行っている。

（2）アニール・バッタライ氏を指す（一〇〇ページ参照）

（3）この問題については一六九～一七一ページで詳述する。

第8章　見えてきた方向性

SPACEへの反論

私はSPACEの報告書をファックスで東京事務所に転送すると、何とか気を取り直し、SPACEへの反論を書き始めた。途中どうしても気持ちが高ぶってきて感情的な文章になってしまい、何度も書き直しているうちに、とうとう夜が明けてしまった。

SPACEより提出された第二段階調査報告書案へのコメント

親愛なるドゥルバへ

病気療養中にもかかわらず、報告書の案文を準備してくれてありがとう。また、第二段階の調査において君たちがどのような困難に直面したかを率直に知らせてくれたことにも感謝したい。

今回提出された報告書には、シャプラニールが住民や現地のＮＧＯとどのようにパートナーシップを築いていくべきかについて貴重な提言が含まれていると思う。だから、私は写しをすでにシャプラニール東京事務所にも送った。しかし、その一方で、書かれているいくつかの事実や分析に対しては疑問を呈せざるを得ない。

提出された報告書の各論に対するコメントは後述するが、私がここで強調したいのは、事実や分析を記述するのにあたって、ＳＰＡＣＥはシャプラニールに対してだけでなく自らに対しても同程度に批判的であるべきだということだ。もうひとつは、ＳＰＡＣＥは、当初合意した提案書にしたがって、まず調査結果を報告する責任があるということだ。これまでの調査で判明した事実を客観的に分析しないことには、カマイヤ制度や再定住地の人びとが抱えている問題の原因を特定もできなければ、それに対する適切な解決策も考えられないからである。

「背景」について

事務局長職を引き継ぐに際して君が直面した困難には同情するが、これはまったくＳＰＡＣＥ内部の事情であり、調査が遅れた理由として報告書に記載されるべき事柄ではない。前任者から後任者への引継ぎにかかわる問題は、何よりもまずＳＰＡＣＥが組織全体として責任を負うべき事柄である。

「第二段階の調査はいかに進められたか」について

第二段階の調査計画書が承認された経緯について、報告書に書かれていることそれ自体はほぼ正確である。しかし、今回カナラ委員会との間で問題が生じた最大の原因は、シャプラニールから正式な承諾を得る前に、SPACEがカナラ委員会に対して資金援助を行う旨回答してしまったことにある。この回答を後から取り消したことが、カナラ委員会側から「約束の反故」として受けとめられ、それが結果的に彼らの反発を招いたのである。したがって、ここでシャプラニールの川口事務局長や私の名前をあげるのであれば、SPACEのケシャブ・ゴータム前事務局長や前コーディネーターのアニール・バッタライ氏の名前もあげ、この事実をはっきりと書くべきである。

第二に、「カナラ委員会は政党とのつながりが強い」という理由でシャプラニールが資金援助を拒否したことは事実であるが、この判断はSPACEからシャプラニールに提供された情報にもとづいている。先にSPACEから提出された第一段階の調査報告書には、「カナラ委員会は左派系政党との結びつきが強い」とはっきり書かれている。したがって、「シャプラニールがカナラ委員会に資金援助を行わないと決めたのは、カナラ委員会の政治的なバックグラウンドに関するSPACEの分析にもとづいている」旨をここに追記してほしい。

カナラ委員会が統一共産党政権に対して再定住地の配分を強く働きかけていたことも、同じく第一段階の調査報告書に書かれている。これらの事実から、カナラ委員会が統一共産党と継続的に接触していたことは明らかである。私がラメッシュに対し「カナラ委員会は統一共産党と強いつながりがあるとの報告を受けている」と述べたのは、こうしたＳＰＡＣＥからの情報提供にもとづいている。

ラメッシュの個人的な怒りがなぜこんなにも早く再定住地全体に広がったのかについては、これまでの私たちの住民とのかかわり方についてもっと自己批判を行うべきではないかと思う。住民たちがＳＰＡＣＥの調査に非協力的な態度を取り始めたとき、私たちは再定住地ですでに一年以上も調査を続けていた。この間、女性や子どもたちのための識字学級を除き、私たちは住民への支援活動をまったく行っていない。男性住民の一部は、この事態に明らかにフラストレーションを感じていた。また、女性住民たちが識字学級での話合いを通じてタルー社会に存在する女性差別への問題意識を高めていた(1)ことも、男性住民の不満に拍車をかけたのではないかと思われる。ラメッシュの怒りに多くの男性住民が同調した背景には、こうした要因もあるのではないだろうか。

「今回の調査から得られた教訓」に関して

①②について

シャプラニールとしては、現地の状況に合わせて柔軟な対応ができるように、調査の開始当初からＳＰＡＣＥには「ある程度の決定権」が与えられていたと考えている。調査地の選定、調査の枠組み、調査の進め方、調査チームの人選など、いずれも初めにSPACEからシャプラニールに提案がなされたのであって、その逆ではない。シャプラニールはこれまでにSPACEに対し、既定の「活動計画書」や「業務委託書」を押し付けたことは一度もない。実際、「活動計画書」が提出されるのをすでに一年以上も待っているのである。シャプラニールからの資金援助を、SPACEが事前の合意なしに第三者に提供する権利をもつべきかどうかは、まったく別の問題である。

カナラ委員会に資金援助を行うことにシャプラニールが慎重なのは、「カナラ委員会は左派系政党と強いつながりがある」との報告をSPACEから受けたからである。たとえSPACEがカナラ委員会に対する自らのこうした評価を改め、「アドボカシー（政策提言）の分野で協働したい」と望む場合でも、シャプラニールとしては私たちの資金援助が何の目的でどのように使われるかを明らかにするよう、SPACEに対し要求せざるを得ない。

⑥⑦⑧について

シャプラニールはネパールで活動するまで、いかなる国の現地NGOとも活動した経験がほとんどない。どうしたら理想的なパートナーシップをSPACEと築けるかを私たちが学んでいる途上であることは認める。だから、私たちがSPACEにとってよきパートナーとなれるように、そちらからの意見や提案に対しては素直に耳を傾けたいと思う。

よく言われるように、パートナーシップとは双方向的なものであり、それは情報の流れについても当てはまるのではないかと思う。シャプラニールの現地駐在員による現場への訪問がマイナスの影響を引き起こす恐れがあるとＳＰＡＣＥが考えるときには、ＳＰＡＣＥはシャプラニールに対し、現場への訪問をしばらく控えるように助言することができる。実際、これまでの一連の調査において、私はＳＰＡＣＥからの助言にしたがって、予定していた現場への訪問を一度ならずキャンセルしている。

しかし、その場合、私たちはＳＰＡＣＥから調査の進捗状況について書面で報告を受けたい。第二段階の調査期間中、ＳＰＡＣＥは二月末までに中間報告書を提出することになっていたにもかかわらず、シャプラニールはいかなる報告も受け取っていない。カナラ委員会との問題が発生したために詳細な報告を書くのがむずかしい状況にあったことは理解できるが、少なくともそれまでの調査で何がわかったかを報告はできたはずである。次回提出される草案には、調査の結果わかった具体的な事実や分析が盛り込まれることを期待する。

最後に、私はシャプラニールとＳＰＡＣＥとのパートナーシップがどうあるべきかについて、これからも君と率直に意見交換をしていきたいと思っている。しかし、これはＳＰＡＣＥが調査結果をまとめた報告書と、それにもとづく今後の活動計画書を提出するという自らの責務をまず果たしてから、初めて可能になることである。

以上について君の意見を聞かせてもらうのを楽しみにしている。

シャプラニール・ネパール駐在員　定松栄一

私たちに非はなかったのか

とりあえずＳＰＡＣＥへの反論を書き終えたことで、私もようやく気分が落ち着き、事態を冷静に振り返るだけの気持ちの余裕が出てきた。問題をすべてシャプラニールのせいにして、自分たちのことは棚に上げるかのようなＳＰＡＣＥの態度には、正直言って腹が立った。しかし、彼らが報告書で指摘しているいくつかの点については、私としても真剣に考える必要がありそうだ。

まず、私とＳＰＡＣＥとの関係について、「ＳＰＡＣＥからどのような情報提供を受けていたかを定松は不用意にラメッシュに伝えた」という主旨の指摘は認めざるを得なかった。そもそも、このときの私のバルディヤ郡出張は研修の視察が目的であって、ラメッシュと直接面会する予定は最初なかった。それが現地に着いてＳＰＡＣＥのスタッフから話を聞いた途端に、「自分が直接会って話をつける」と決めてしまったのだ。だから、ラメッシュとどのように話をするか、ＳＰＡＣＥから提供のあった情報をどこまでラメッシュに明らかにするかについて、ドゥルバと事前の打合せがなかったことは確かである。

だが、もっと考えさせられたのは、私たちと住民との関係についての指摘だった。とくに、「調査とは、住民からあらゆることを聞き出し、それを外部に公表することではない」という一文は胸にこたえた。

私たちがこの調査を始めたときの目標は、「住民自身が自分たちの生活上の問題を調べ、その解決策について提案をまとめられるように支援していく」ことだった。ところが、いつの間にか、Ｓ

PACEが住民から情報を聞き出し、その結果をシャプラニールに報告する、という形になってしまっていたのだ。それは、住民から見れば、自分たちが知らないところで自分たちに関する情報が勝手に外部に提供される状況が生み出されていたことになる。「SPACEはスパイ活動をしていた」というラメッシュの非難は、その表現自体の是非はともかく、私たちの調査が実態としてはどのような性格のものであったかを如実に示している。

さらに、「カナラ委員会に調査に協力してもらっておきながら、彼らからの支援要請を断ったのは倫理に反する」という指摘は、私たちがカマイヤにどうかかわるかについて根本的な問題を提起していた。これまでの調査で明らかになったように、もとは「家族の稼ぎ手」であったカマイヤが「地主との契約で働く農業労働者」へと変わってしまったのは、彼らが土地を奪われたからである。だから、その奪われた土地を取り戻すことによってカマイヤの問題は解決されるべきだ、というラメッシュの主張は筋が通っていた。

シャプラニールが「土地獲得運動への支援はできない」というスタンスを取ったのは、カマイヤ問題に対するアプローチとして誤っているからではない。ネパールで活動するためには、まず外国NGOとしての自分たちの立場を守る必要がある、と考えたからだ。

SPACEの調査チームが第一段階の報告書に書いていた次のような一節を、私は思い出した。

「適切な質問を投げかけ、普通の女性、男性、子どもたちから学ぼうとする謙虚さと忍耐を持ち合わせていれば、私たちは彼らからその歴史、体験、喜び、苦しみ、成功、失敗にまつわる話を次次と引き出すことができる。だが、彼らの話を黙って聞いているのは、私たちにとってときにつらい体験となった。私たちはいま『調査者』としてこの村に住んでいるが、一生ここで暮らしていくわけではない。いつかはここを去らなければならないという事実が、私たちに耐えがたい思いを抱かせた。コミュニティで人びとと生活をともにすることは、ときに私たちをジレンマに陥らせる。私たちは彼らの苦しみにまったくかかわらないわけにはいかないが、かといってそれをまったくともにすることもできないのだ。そんなとき、私たちは罪悪感に苛《さいな》まれた」(2)

SPACEの調査チームは再定住地の住民たちと一年以上もの長きにわたって生活をともにし、彼らが土地を失ったときの悲しみや再定住地を獲得するために味わったさまざまな苦労を聞かされてきた。それなのに、彼らの土地を取り戻すために自分たちが力になれないことが、歯痒《がゆ》くて仕方がなかったのにちがいない。

私はドゥルバに会い、自分が書き上げた反論を手渡すとともに、ラメッシュとの面談に際して事前の打合せが十分でなかったことを詫びた。そして、まずこれまでの調査の結果をまとめないことには、土地獲得運動への支援はおろか、再定住地の人びとへのいかなる支援もできなくなってしまうことを訴え、具体的な調査結果を盛り込んだ報告書をできるだけ早くまとめるように頼んだ。

一方、シャプラニール東京事務所に対しては、私がドゥルバ宛に書いた反論の写しとともにファックスを送って、こう頼んだ。

「今回の調査が大幅に遅れることになった責任の一端は私自身にもあるので、SPACEが調査を終え、報告書をまとめるまで、もうしばらく時間の猶予をいただきたい」

再定住民に生まれた三つの階層

その後、六月になってようやく調査の報告らしきものが提出されたが、さまざまな点でデータが不足しており、分析も不十分だった。私は、今後の活動計画をつくるためにどのようなデータが必要か、またどんな点に注意してデータを分析する必要があるかを詳しく書いて、ドゥルバに手渡した。とくに強調したのは、再定住地の人びとをすべてひとくくりにするのではなく、相対的によい生活を営んでいる世帯と、より厳しい生活を強いられている世帯とに分類し、両者の間にどのような違いがあるのか、またそれはなぜなのかを突き止めることだ。私がそれに注目したきっかけは、提出された報告書案にあった次の一節だった。

「バルディヤ郡に再定住したカマイヤたちは、何がしかの土地を手に入れてはいるが、その収穫だけでは家族全員が生活を維持していくのに十分ではない。彼らは『再定住民』と呼ばれているが、実際には彼らのなかからカマイヤに逆戻りする者も出てきている」

「カマイヤに逆戻りする」とは、どういう意味だろう。再定住地を離れて再び地主の元に戻るということなのだろうか。あるいは、地主に対して再び債務を負うということなのだろうか。カマイヤに逆戻りする者とそうでない者の間には、どのような違いがあるのだろうか……。

ドゥルバの私に対する態度は、カナラ委員会への資金援助をめぐる問題が発生して以来ずっと冷

図4　再定住地の人びとの階層

ややかだったのだが、このころを境に変わり始めた。後で本人に聞いたところ、彼はそのとき、どのように調査結果をまとめるべきか悩んでいたらしい。「カマイヤに逆戻りする者がいる」という現場からの報告には彼も注目はしていたのだが、私からのコメントを読んで改めて、調査をまとめる方向をはっきりと見定められたという。

その後SPACEの調査チームは、不足していたデータを現場で集め、報告書を書き直してはドゥルバや私から不十分な点を指摘されて現場に戻り、また書き直すという作業を繰り返した。何事もゆっくりリズムのネパール。月日だけがどんどん過ぎていく。

最終的に調査報告書が完成したのは、本来の締め切りを半年も過ぎた九七年一〇月だった。しかし、その報告書[3]を読んで、私は思わず心の中で快哉を叫んだ。そこには、今回調査した再定住地の人口、年齢構成、識字率といった基本的なデータだけでなく、非常に重要な事実が書かれていたからだ。それは、再定住地の住民たちが「分益小作人」「賃金労働者」「カマイヤ」の三つの階層に分かれているということだった。

これらの階層は、住民の間ではおおむね図4に示すような上下関係をもつものとして理解されているが、その利点と不利な点は表3のように階層ごとに異なっていた。簡単に言えば、「下の階層は最低限の生活は保証される反面、行動の自由や収入向上の機会は制限され、上の階層はその逆になる」のだ。

表3　再定住地の各階層の利点と不利な点

	利点	不利な点
分益小作人	①収穫の50%を報酬として得るので、収入が他の二つの階層よりも一般的に高い。 ②年間の雇用を保証される。 ③不意や緊急の支出の場合には、地主から借金できる。 ④カマイヤより地主の拘束が少ない。	①凶作のリスクを地主とともに負わなければならない。 ②分益小作契約を結ぶには、耕耘用の雄牛を自ら所有し、農作業以外にもさまざまな無償労働を地主に提供できるように、十分な数の家族がいなければならない。
賃金労働者	①地主による拘束をまったく受けない。 ②自分一人の労働力だけで参入できる。 ③技術次第で収入が向上し、雇用機会も安定する。	①特定の職業技術をもたない場合は、低賃金かつ雇用が不安定である。 ②不意や緊急の支出の場合、家族や友人以外に借金のあてがない。
カマイヤ	①収穫の多少にかかわらず、最低限の収入が保証される。 ②年間の雇用が保証される。 ③不意や緊急の支出の場合には、地主から借金できる。 ④特別な技術を必要とせず、自分一人の労働力だけで参入できる。	①地主の拘束がもっとも厳しく、農作業以外にもさまざまな労働を無償で提供しなければならない。 ②収入は通常、収穫の4分の1程度にしかならず、地主からの借金で不意や緊急の支出をしのがなければならないことが多い。その場合、借金を返し終わるまで、本人もその家族も同じ地主の下で働かなければならない。

ケシャブと私がかつてラジャプールで初めてカマイヤへのインタビューを試みたとき、どうしても腑に落ちないことがあった。それは、カマイヤ自らが現在の地位にとどまるのをあたかもよしとしているかのように感じられる場合があることだ。私たちは当時、カマイヤが地主からそう答えるように脅されているのだろうと考えていた。しかし、農民として働く以外に職業技術をもたず、土地や家畜などの生産手段をもたない者にしてみれば、カマイヤとして地主の庇護の下で働くほうが、最低限の生活が保証される分だけ、生き延びるためには正しい選択ということになる。再定住民のなかでもとくに貧しい世帯のなかからカマイヤに逆戻りする人びとが出てきていたのは、そのためだった。

その一方で、同じ再定住地に住む人びとでも、農業以外に大工など特定の職業技術をもっている者は、賃金労働者として副収入を得ていた。さらに、増えた収入から耕耘用の雄牛を購入して、地主とより有利な契約を結び、「分益小作人」になっているケースもあった。分益小作人とは、地主から農地を借り受ける場合に、地代として収穫の一定割合（この場合は半分）を納めるものだ。

カマイヤ契約の場合は、収穫量にかかわらず小作人の取り分が保証されているとはいえ、通常は収穫の四分の一程度の量にしかならないので、生活は大変厳しい。これに対して分益小作人は、収穫さえよければカマイヤに比べて自分の取り分が二倍近くになるので、暮らしはかなり楽になる。ただし、害虫の発生や悪天候などで作物が全滅してしまったときは取り分がゼロになる場合もあり得る。だから、すでにある程度の貯えがある農民でないと、なかなか分益小作には踏み出せない。

住民との分かち合いに向けて

これらの発見から、再定住地の人びとをどうやって支援していったらよいかについて、ようやく一つの方向が見えてきた。それを一言で言えば、次のようになる。

「再定住民の生活の保証を脅かさないようにしつつ、生活向上の機会を増やしていく」

具体的な支援活動としては、緊急に金が必要なときに地主から借金をしなくてもすむためのグループ貯金、副収入の機会を増やすための職業訓練、カマイヤから分益小作へと契約を変えるために必要な雄牛の共同購入などが考えられた。このような活動を同時並行して進めていけば、カマイヤに逆戻りしかねない貧しい再定住民たちも、賃金労働者を経て分益小作人へと階層を上昇していけるのではないだろうか、と私は考えた。

一方ＳＰＡＣＥは、これらの活動をケルが主体になって進められないだろうかと考えていた。その後の調査で、村内のもめごとの調停や祭事など住民たちの生活のさまざまな側面で、この土着の住民組織が重要な役割を果たしていることがわかったからだ。

しかし、この時点では、これらはまだ私とＳＰＡＣＥとの間で話し合われていただけで、再定住地の住民自身が考えたわけではなかった。ここで私たちが勝手に活動の内容や方法を決めて住民に押し付けてしまったのでは、何のためにこれまで辛抱してきたのかわからない。今度こそ調査の結果を住民たちと分かち合い、彼ら自身に考えてもらう必要があった。

（1） 一九九六年一二月にバルディヤ郡に出張した際、私はSPACEの現場スタッフから、識字学級に参加している女性の一人が書いた次のような作文を見せてもらった。

「私たちは女。でも、なぜ私たちは差別されるの。みんなは『女はやがては結婚し、村を出て行くのだから』と言って、私たちのことを嫌う。私の両親も、兄や弟だけをかわいがる。でも、どうして。もしこの世に女がいなかったら、誰が子どもを産むの。だから、両親は私のこともかわいがるべきだわ。私たちだって料理をしたり家事の手伝いをして、働いている。それなのに、どうして嫌われなければならないの。私たちが一六歳ごろになると、両親は兄たちが結婚できるように、私たちを他の家にまるで家畜か何かみたいに譲り渡してしまう。でも、私たちは女。家畜じゃない。私たちは立ち上がって、この制度を止めさせなければならない。私たちは一人じゃない。村に住んでいる人間の半分は女なのだ。だから、みんなで立ち上がって、この制度を変えなければならない」

ここで問題にされているのは、タルーの社会で「サタハ」と呼ばれている制度である。タルー同士の結婚では、新郎の親は新婦の親に何らかの贈り物を渡さなければならない。ただし、新郎の実家に結婚適齢期の娘がいる場合には、新婦側の親は息子の結婚相手にその娘を指名できる。この場合、双方の親は息子の結婚のために娘を交換し合う形になり、贈り物の授受は行われない。この際、娘本人の意見は考慮されず、一方的に相手側に譲り渡される形になる。

（2） SPACE (1996), *Participatory Action Research with the Tharus in Bardiya: Preliminary Research Document, Jan. – May, 1996.*

（3） SPACE (1997), *Learning from and Facilitating the People: Participatory Action Research Experiences from Bardiya, Nov.1996 – Mar.1997.*

第9章　つぶしかけた現場からの声

調査者から支援者へ

調査結果を再定住民たちと分かち合うにあたって、SPACEは現地での活動の進め方について変更を提案してきた。

まず、これまではバルディヤ郡に滞在する目的を「調査のため」と住民に説明してきたが、今後は「住民たちを支援するため」であることをはっきりと伝える。

次に、その言葉が嘘ではないことを示すために「伝染病予防キャンペーン」を地域の保健所と協力して行いたいという。

バルディヤ郡一帯では、毎年七月から八月にかけて日本脳炎とマラリアが発生し、多くの住民が罹患していた。再定住民の多くは、生まれつきマラリア抗体をもつと言われるタルーの出身である。しかし、彼らのなかからも患者が出ていたことが、SPACEの調査でわかっていた。いずれも蚊を媒介して人に感染する伝染病だから、水たまりを埋める、家畜小屋と人の住居とを離す、就寝時

SPACEによるマラリア予防キャンペーン〈撮影：サリル・スベディ〉

に蚊帳を吊る、といったちょっとした工夫で感染率はある程度抑えられる。また、発病した場合でも、早めに病院で治療を受ければ大事に至ることは少ない。

そこでＳＰＡＣＥは、この時期に地域の保健所がバルディヤ郡全体で行う「伝染病予防キャンペーン」に協力して、再定住地でのキャンペーンを担当することにした。まず、予算不足に悩む保健所に配慮して、キャンペーンに使用するポスターを、シャプラニールの資金援助をもとにＳＰＡＣＥが作成する。保健所は、再定住民のなかからＳＰＡＣＥが推薦する若者（男女）一〇名程度に、保健ボランティアとしてのトレーニングを無料で行う。トレーニングを修了した保健ボランティアは、できあがったポスターを持って各村を訪ねて集会を開き、伝染病予防に役立つメッセージを住民に伝えてまわる、というものだ。

提案された活動そのものは非常にシンプルだったので、果たして本当に伝染病の予防に効果があるのかについては、正直なところ私はあまり確信がもてなかった。それでも、次の五つの理由から、私はこの活動を実施に移すことに合意した。

第一に、それまでもっぱら本部からの指示で行動していたSPACEの現地スタッフが初めて提案してきた活動であったこと。第二に、現地の実情をそれなりに把握した提案であったこと。第三に、伝染病の予防は、階層、性、年齢の区別なく再定住民全体に共通するニーズであったこと。第四に、実際にキャンペーンを行うのは六月の一カ月間だけなので、他の活動に支障をきたさないこと。第五に、保健所に協力することで地域行政のSPACEに対する印象をよくできるのではないかと思われること。

そして、現地スタッフが一〜二名ずつ各村に住み込んで調査を行うというこれまでの形を改め、再定住地に近いバザールに現地事務所を新たに開設し、スタッフは全員そこに寝泊まりしながら活動する。

現地スタッフが村に住み込んで住民とほぼ同じ条件で生活してきたことは、住民との信頼関係を築くうえで大きな効果があった。再定住民たちが三つの階層に分かれることや、土着の組織ケルの存在などを知ったのも、現地スタッフが住民たちの暮らしを間近に見てきたからこそである。

しかし、現地スタッフによれば、ラメッシュをはじめとする一部の住民たちには「貧しい俺たちと同じ程度の生活しかできないとは、あいつらはきっと取るに足らない連中にちがいない」と思わせてしまうマイナス面もあったらしい。伝染病予防キャンペーンを始めることもあり、今後はSPACEも一NGOとして住民からそれなりに重きをおいて見られる存在になったほうがよいというのが、SPACEが現地事務所の開設を提案してきた理由だった。これについても私は承諾の返事をした。

活動地域を変更して試験プロジェクトを開始

だが、このときのSPACEの提案でもっとも重要なのは、これまで調査を行ってきたラクスマナ、ハライヤ、カイレニの三つの集落から、ラメッシュが居住するラクスマナをはずし、代わりに新たに三つの集落を付け加えることである。新たに活動地域に組み入れられるのは、ダマウリ、カカウラ、バンスガディの三集落で、いずれもカナラ運動より前に別の土地獲得運動で再定住した元カマイヤたちが住んでいた。ドゥルバによれば、活動地域を変更する理由は、ひとえに「SPACEの活動に対するラメッシュの影響力を弱めるため」だ。

一九九七年四月にSPACEがバルディヤ郡での調査を再開してから、ラメッシュはSPACEの活動を直接妨害することはもはやなかったが、活動内容に彼個人の希望を反映させようと圧力をかけたり、自分やその親族が最初に支援を受けられるように画策する姿勢が目立っていた。そして、彼の提案が受け入れられないと、「また村で活動できないようになってもいいのか」と再びSPACEを脅すそぶりを見せていた。

一方SPACEの側は、調査を再開して改めて再定住地の住民たちと接触するうちに、彼らの間でラメッシュの独裁的なリーダーシップへの不満が高まっていることを感じ取っていた。地主や政府を相手に土地獲得運動を闘っているころは、彼のような強力なリーダーが必要とされたのだろう。だが、土地を手に入れ、新たな村づくりに着手し始めた住民たちは、より開かれた民主的な意思決定の仕組みを求め始めていた。とくに反発を強めていたのは、各集落でケルのリーダーを務めるバドガー（村長）だ。

ラメッシュが居住するラクスマナ村では、さすがにバドガーも彼のリーダーシップに正面から挑戦することはむずかしいようだった。しかし、ハライヤ村とカイレ二村のバドガーは、「仮にラメッシュから要求があっても、自分たちはもはや正当な理由なしにはSPACEを追い出すことはしない」と言明した。

また、SPACEはその後の調査で、バルディヤ郡にはこの三つの集落以外にも元カマイヤの再定住民たちが暮らす集落があることをつかんでいた。それらの集落はカナラ運動よりも前にできた集落なので、ラメッシュの影響力が直接及ぶことはない。その一方で、これらの集落の住民たちも、カマイヤ、賃金労働者、分益小作人の三つの階層に分かれており、カナラ運動の再定住民たちと共通した問題を抱えていることもわかってきた。

そこで、ラメッシュの恣意的な介入によってSPACEと再定住民たちとの活動が妨害されることを防ぐため、彼の影響力が強いラクスマナ村を活動地域からはずし、影響力が直接及ばない集落を活動地域に加える、というのである。

だが、万が一SPACEの読みが間違っていれば、こうした行動は小康状態を保っているラメッシュとの関係を急激に悪化させ、今度こそバルディヤ郡からの全面撤退を強いられる恐れもあった。前回のラメッシュとの「直接交渉」以来、現場への訪問を控えるようにSPACEから助言されていた私には、自分で直接現地の状況を確かめる術がない。不安がないわけではなかったが、ここはもうSPACEを信頼するしかなかった。

支援計画もまだしっかりと固まらないうちから、現地事務所の開設や活動地域の変更を提案したことに対して、シャプラニール東京事務所は最初かなり懐疑的な反応を示した。私は現地の事情とSPACE側の判断の根拠を何度も繰り返し説明して、何とか承諾を取りつけた。

こうして九八年二月から九九年三月までの約一年間、伝染病予防キャンペーンなどの活動を行いつつ、調査結果を住民にフィードバックする「パイロットプロジェクト（試験プロジェクト）」の計画案が承認された。予算は一三〇万ルピー（約二六〇万円）。期間中に住民から新たに提案される活動も実施できるように、使途無指定の「予備費」も一〇万ルピー（約二〇万円）計上していた。これは、SPACEからの提言を受けて、この年から始めた措置である。

教科書を望んだ住民たち

結局ラメッシュは、自分が住むラクスマナ村が活動地域からはずされたにもかかわらず、他の集落でのＳＰＡＣＥの活動はもはや妨害できなかった。ＳＰＡＣＥの作戦勝ちだ。再定住地での自分たちの安全を確保したＳＰＡＣＥはいよいよ、これまでの調査結果を住民たちと共有する活動を開始する。住民たちとの話合いは、男性とはおもにケルの集会で、女性とはおもに識字学級の場で行われた。

　このころ、ＳＰＡＣＥがバルディヤ郡の識字学級で取り入れてきたＲＥＦＬＥＣＴの手法には二つの問題点もあることが、現場のスタッフから指摘されていた。

　ひとつは、手法を支える理念は素晴らしいのだが、実践するには高度な技術が要求されるため、現場で実際に使いこなすのがかなりむずかしいということである。ＲＥＦＬＥＣＴが「意識化」と「参加型農村調査法」という二つの手法を組み合わせて生まれたことは第5章で紹介したが、この二つの手法はそれぞれ単独でも完全にマスターするのはむずかしいと言われている。一つですらむずかしいものを二つ同時にやろうというのだから、むずかしくなるのは当然だ。私がかつてハライヤ村でＲＥＦＬＥＣＴを見せてもらったときには、なかなか上手にやっているように見えたのだが、単独のセッションとしてはうまくいっても、すべての文字を教えるための連続したセッションとして行うのには、無理があったのだろう。

　もうひとつは、教科書を使わないことに対して、住民がむしろ不満や不安を訴える場合が多いことである。ネパールで行われている識字学級は、政府によるものであれＮＧＯによるものであれ、教科書を使って教えるのが通常だった。住民が識字学級に参加する動機の一つは、「教科書がもら

ガリ版(謄写版)で識字学級の教材を印刷するSPACEのスタッフたち〈撮影：サリル・スベディ〉

えるから」だ。SPACEの現地スタッフは、教科書を使わないことにこそREFLECTの利点があるのだと何度も説明したが、なかなかわかってもらえなかった。学校に一度も通った経験がない再定住民の女性たちにしてみれば、教科書を使って勉強すること自体が憧れだ。私たちの主張はしょせん、教科書を使った学校教育の恩恵をすでに受けた者の理屈でしかなかったのかもしれない。

こうした現場での事情に配慮した結果、SPACEが従来シンドゥリ郡など他の活動地で用いてきた「キーワード」を主体としたやり方に改めた。具体的には、住民たちの生活にかかわりの深い単語を毎回一つずつ取り上げ、それについて話し合いながら、文字の勉強をする。たとえば、SPACEは土着の住民組織ケルが村の祭事だけでなく開発の側面でもリーダーシップを発揮できないかと考えていた。そこで、それについて住民たちの意見を聞くために、識字学級で「ケル」という単語を取り上げ、「ケ」や「ル」の書き方を教えながら、話合いを進めていくのだ。

毎回の授業でどの単語を取り上げるかは、SPACEが共有したい調査結果の内容と前回の授業での住民たちの反応をもとに決めた。そして、次の授業で使う教材をその都度ガリ版（謄写版）で印刷して準備する。製本こそされていないものの、印刷された教材を配ることで、「教科書がほしい」という住民たちの要求にもある程度応えられるようになった。

ジャガッドの疑問やコンサルタントの警鐘を無視

こうして、伝染病予防キャンペーンや識字学級の活動はそれなりに順調に進められていく。しかし、再定住地での長期的な活動計画は一〇月に入ってもまとまらなかった。私は報告を受けていなかったが、このころ現場では、「カマイヤから賃金労働者を経て分益小作人へと階層を上昇移動できるようにしてはどうか」とか「ケルが主体となって開発を進めてはどうか」といった私たちの意見が必ずしも住民側からの賛同を得られず、対応に苦慮していたのだ。しかし、一二月末までに向こう五年間の活動計画を提出するようシャプラニールから求められていたSPACEには、もはやゼロから計画を練り直している時間的な余裕がなかった。

結局SPACEは、「必ずしもすべての住民が分益小作人になることを望んでいるわけではない」

というただし書きを付けながらも、次のような基本方針にもとづく活動計画案を提出した。九六年一月に再定住地で住み込み調査を始めてから、実に丸三年もの歳月をかけて準備された支援計画である。

「再定住地の各世帯がカマイヤ、賃金労働者、分益小作人のいずれの階層に属するかによって、それぞれのニーズに合った活動を進めていく。その際、ケルがリーダーシップを発揮できるように配慮し、グループ貯金、職業訓練、雄牛の共同購入などの諸活動を支援する。これらの活動を通じて、再定住民がカマイヤから賃金労働者を経て分益小作人へと階層を上昇移動することをめざす」

ところが、翌九九年二月、東京事務所からの出張者を交えてSPACEとこの計画案について協議しているときに、現場の責任者であるジャガッドが妙なことを言い出した。

「現場で見ていると、同じ世帯でも、一人が賃金労働者として働きに出ている一方で、他の者がカマイヤになっている場合もあるので、階層移動を世帯単位で把握するのはむずかしいのではないか。それに、もともと分益小作に出される土地は限られているので、再定住民がすべて分益小作人になり得るかのように目標を設定するのは無理があるのではないか」

突然のことだったので、私はジャガッドが何を言おうとしているのかその場ではよくわからなかった。だが、彼が活動計画に対して疑問を投げかけているらしいことはわかり、私はとまどった。三年もの間さまざまな紆余曲折を経てようやく活動計画がまとまろうとしているのに、いまになってそれが現場の実情には合わないなどと言い出したら、計画そのものが中止に追い込まれかねない。

ジャガッドはこの説明を最初は英語で始めたが、英語が苦手な彼は途中からネパール語に切り換えていた。そのため東京からの出張者たちには、彼が何を言ったのかよくわからなかったようだ。活動計画をまとめてしまいたかった私は、ジャガッドの発言を事実上無視する形でそのまま話合いを進めた。結局この計画案は、「現時点では三年以上先の見通しを立てるのはむずかしい」との理由で計画全体を五年間から三年間に短縮することにはなったものの、大筋は提案どおりに了承された。

東京事務所との打合せは無事に終わったが、この活動計画案をシャプラニールとして正式に承認し、予算化するために、一つ注文がつけられた。それは、ネパール人コンサルタントと契約して現場の状況を確認するということだ。

九六年一二月のラメッシュとの「直接交渉」以来、私は二年以上にわたってバルディヤ郡の現場を訪れていない。当初は、「ラメッシュを刺激しないほうがいい」という理由でSPACEから現地への訪問を控えるように言われていた。そうこうしているうちに今度はネパール西部一帯で「マオイスト（毛沢東主義派）」[1]と呼ばれる武装ゲリラの活動が活発になり、「外国人が村に入るのは危険」との理由から現場に入れなくなってしまったのだ。[2]日本人駐在員が現場に入れないのは仕方がないにしても、長期計画を正式に承認する前にSPACE以外の第三者の目で現場の状況を一度確認したほうがよい、というのだった。もっともな意見である。

シャプラニールが契約したネパール人コンサルタントは四月二日からバルディヤ郡を訪問し、八日には調査結果を報告書にまとめて提出した。私はそこで、活動計画案に対してまたしても次のような疑問が呈されているのを目にした。

「現在のシャプラニールとＳＰＡＣＥの三カ年計画では、再定住民を最終的に分益小作人の地位に引き上げることが目標とされている。しかし、実際には住民は全員が分益小作人になることを望んでいるわけではない。むしろ、何らかの職業技術を身につけて自営業者として自立することを望んでいる者も多い」

だが、私はここに至ってもまだ、「階層の上昇移動」という自分の考えへの執着を捨て切れなかった。東京事務所には、「これは、実際の活動において職業訓練を重点的に行えば解決できる問題である」とのコメントを付けて、コンサルタントの報告書を転送した。

四月一〇日、ＳＰＡＣＥとの三カ年活動計画案は、東京で開かれたシャプラニールの常任運営委員会(3)で正式に承認された。

崩れたシナリオ

四日後の四月一四日、東京事務所から今度は「プロジェクトによって再定住民が本当に階層を上昇移動するかどうかをモニターするために、数値目標や指標をいまのうちから設定しておく必要があるのではないか」という意見が寄せられた。そこで、私はドゥルバに数値目標や指標について現地事務所の意見を聞くように依頼した。ところが、説明のためにバルディヤ郡からカトマンズに来たジャガッドは、「現場の実情から考えて、そのような数値目標や指標を設定するのは無理だ」と主張する。そして、二月の会議で自分がなぜあのような意見を述べたのか、改めて理由を説明し始めた。

ジャガッドは、「再定住民をカマイヤから賃金労働者を経て分益小作人へと階層を上昇移動させる」という基本方針に沿って活動を始めようと試みたが、現地の実情を知れば知るほど、この考え方には無理があることがわかってきたと言う。

実際に活動を始めるにあたって、彼らはまず、再定住地の全世帯が三つの階層のどれに属するかを判定しようとした。だが、実際に各世帯の就業状況を調べてみたところ、「夫は妻とともに地主の下で分益小作人として働いているが、長男と娘たちは近くの道路工事現場で賃金労働者として働き、次男はカマイヤとして別の地主の下で働いている」というようなケースが出てきた。しかも、誰がどの仕事に就くかの組合せは、同じ家族でも時と場合に応じてかなり柔軟に変えているらしい。これでは、世帯単位での階層の特定は不可能である。

そこで、世帯単位で見るのをやめ、住民一人ひとりの階層の上昇移動を支援すればいいかと考えた。ところが、住民たちからはこんな答が返ってきた。

「再定住地の住民全員が分益小作人になることなどあり得ないし、もしそんなことをやろうとしたらかえってマイナスだ」

住民たちが言うには、分益小作への契約の変更は、農民が耕耘用の雄牛を確保したからといって自動的になされるものではない。そもそも、農地をカマイヤ契約ではなく分益小作契約で貸し出そうという意志をもった地主がいないことには、どうしようもない。分益小作を希望する農民の数に比べて、実際にこの形での契約に応じる地主の数は限られている。そこで競争となるが、これが激しくなると、地主は契約により厳しい条件を付け加えようとする。

その一つが現地で「ジラヤット」と呼ばれるもので、分益小作に貸し出される土地に加えて、地主が指定する別の土地を無報酬で耕作することを意味する。ジラヤットで耕作する土地は分益小作に出される土地よりも肥沃な場合が多いが、収穫はすべて地主のものになり、小作人の取り分はまったくない。しかも、小作人はジラヤット地での仕事を先にすませてからでなければ、分益小作地で働くことを許されない。

「いまでもこうした問題があるのに、もし自分たち全員が分益小作に殺到したら、地主は契約の条件をますます厳しくするだけだ」と住民たちは言う。しかも、現在すでに分益小作人になっている者ですら、「もし地主に拘束されずに自由な賃金労働だけで十分な収入が得られるなら、そっちのほうがずっといい。でも、実際には一年を通して仕事にありつけることは少ないので、仕方なく分益小作をやっている」というのが本音だったのだ。

要するに、私たちが「階層」だと思い込んでいたカマイヤ、賃金労働者、分益小作人は、実は住民たちにとっては生活の糧を得るための「雇用機会の選択肢」でしかなかった。それらを時と場合に応じて多様に組み合わせてきたからこそ、彼らは再定住地の厳しい生活環境の下でも生き延びてこれたのだ。それを分益小作人という一つの選択肢だけに収斂させようという私の考え方は、彼らの生活を安定させるどころか逆に危険にさらしてしまう恐れすらあった。

ここに至って私はようやく、私たちの活動計画が住民側から根本的な修正を迫られていることを理解する。ジャガッドの説明に納得はしたものの、私は頭を抱えたくなる思いだった。三年にも及ぶ調査を経て、ようやく支援計画をまとめたというのに、それを支えていた論理が根底から崩れてしまったのだ。

魔の三カ月と食糧購入ローン

「階層の上昇移動」という方針に変更が必要なことはわかった。だが、それに代わって何を活動計画の中心にすえたらいいのか。考えあぐねていたところ、四月末になってＳＰＡＣＥから一冊の報告書[4]が提出された。パイロットプロジェクトとして実施した前年度の活動全体を振り返る報告書だ。

そのなかに、私はある興味深い記述を見つけた。再定住地では毎年、収穫前の数カ月になると食糧不足が発生しており、その問題を住民たちがＳＰＡＣＥの助けを借りながら自力で解決する方法を見出したことが書かれていたのだ。ＳＰＡＣＥに連絡を取ると、ちょうどジャガッドがカトマンズに来ているという。私が事務所を訪ねると、彼はきわめて興味深いエピソードを聞かせてくれた。

話は、三年前にＳＰＡＣＥが再定住地で住み込み調査を始めたころに遡る。調査チームが識字学級や集会の場で住民たちが抱えている問題について話を聞いていたとき、「カウレヒ」と呼ばれる慣習が話題になったという。

再定住地の住民たちは、土地の使用権を政府から認められていたとはいえ、広さが十分ではないため、もっとも恵まれた世帯でも一年のうちせいぜい九カ月分の食糧しか自給できない。そこで、自分の農地での労働以外にも何らかの仕事に就いて不足分を補おうとする。しかし、もともと家族の人数が少なかったり病人が出たりして働き手が少ない世帯では、それもままならない。次の収穫までに三カ月近くを残す毎年七～九月になると、こうした世帯は前年の収穫からの蓄えが底を突いてしまい、さりとて他に収入を得る手段もなく、文字どおり飢餓状態に陥ってしまう。

他にどうしようもなくなると、彼らはやむを得ず地主から食糧購入を目的とした季節ローンを借りる。このローンが「カウレヒ」と呼ばれるのだ。その利子は非常に高く、年利に換算すると実に二五〇％にも達する場合すらあった。

ジャガッドたち調査チームは、住民たちからの説明でその存在を知ったが、実際にどの程度深刻なのかは、まだ実感としてつかめていなかった。カマイヤをめぐる問題は他にもたくさんあったし、当時彼らはまだ「調査者」として村に入っていただけで、具体的な支援活動を始めるための予算は確保されていない。この問題にすぐに対処しようとはしなかった。

ラメッシュとの問題が一段落して現地での調査が再開された九七年夏、ＳＰＡＣＥの現地スタッフたちは調査の焦点を再定住民たちの現在の生活へと移し、彼らがどのような問題で困っているかについて改めて聞き取り調査をしていた。ちょうど住民たちの食糧不足がもっとも深刻になる時期である。

ハライヤ村に住むカリラムという男性住民を訪ねたジャガッドは、彼に質問するなり、こう怒鳴りつけられて肝をつぶした。

「困っていることは何かだって？　わからないのか！　俺の家族はもう丸三日間まともに飯を食っていないんだ。あんたは、俺の子どもがお腹を空かせて泣いているのが見えないのか！」

「すまなかった。あなたたちが食べ物がなくて困っていることはわかった。でも、私たちがあなたたちのために食べ物を買ったとしても、それだけではカマイヤの問題は解決しない。私たちはカマイヤの問題そのものを解決できる方法を探しているのだ」

「あんたは、たった一つの薬ですべての病気を直せるとでも思っているのか。頭が痛けりゃ頭痛薬を飲むし、お腹が痛けりゃ胃腸薬を飲むんだ。俺たちがあんたに望むのは、いままさに苦しんでいるこの状態を何とかしてくれることだよ！」

この年ＳＰＡＣＥはシャプラニールから、調査と合わせて伝染病予防キャンペーンと識字学級を実施するための予算は確保していたが、食糧不足に対応するための予算は計上されていなかった。飢えている村人たちを目の前にしながら、自分たちは何もできない。カナラ委員会への支援ができなかったときに続いて、またしてもジャガッドの胸に苦い思いが残った(5)。

仲間でつくる基金

このときの経験をもとに、九八年から始まったパイロットプロジェクトでは、期間中に住民からの提案によって新たな活動を立ち上げるために使途無指定の「予備費」が確保されたのだ。ジャガッドたちはそれまでの調査結果を再定住民にフィードバックするとともに、どんな問題に取り組んだらよいかを再定住民たちと話し合っていた。

土地が少ない、日雇い労働をしても賃金がきちんと支払われない、分益小作契約に応じる地主が少ない、地主がジラヤット（無償耕作労働）を要求する……。さまざまな問題が話し合われた。だが、たとえSPACEが支援に入ったとしても、すぐに解決のできる問題ではない。そこで再び浮上したのがカウレヒの問題だった。最初に提案したのは、一年前にハライヤ村でジャガッドを怒鳴りつけた、あのカリラムだ。

「俺たちが食糧を買えるように、地主の代わりにSPACEが低利でローンを貸してくれないか。そうすれば、自分たちは地主に借金をしなくてもすむ」

ジャガッドは、口から「フンチャ（OK）」という言葉が飛び出しそうになったが、あやうく踏みとどまって、次のように答えた。

「それも一案だけど、自分たちがここから引き上げたら誰も金を用立ててくれる人がいなくなって、元の木阿弥になってしまう。何とかもうひと工夫できないかな」

そこで、その場にいた再定住民たちはこの「宿題」をそれぞれの村に持ち帰って、他の住民たちとも相談することにした。

数週間後、今度はカイレニ村のインドラという男性がジャガッドのところにやって来て、言った。

「自分たちはこれまで食糧の蓄えがなくなると、地主からカウレヒを借りて、何とか飢えをしのいできた。だから、今度SPACEから金を用立ててもらうときにも、地主から借りた気持ちになって、ある程度は利子を払うことにする。ただし、この利子はSPACEに払うのではなく、金を借りた者同士でグループをつくって、そこに貯める。これを二～三年繰り返せば、最初にSPACEから借りたのと同じくらいの基金が貯まるはずだ。そうなれば、あとはこの基金から借りればいいので、SPACEから金を用立ててもらわなくてもすむ」

住民には何が問題だったのか

インドラの提案をカリラムにも話して聞かせたところ、彼も「そいつはとてもいい考えだ」と大変乗り気だった。ジャガッドが、彼らにカウレヒの問題がなぜそんなに重要なのか尋ねたところ、私たちがひとくくりにしてきたカマイヤは、住民から見れば実は二種類に分かれており、その違いは決定的な意味をもっていることがわかってくる。

ひとつは「エク・サロ・カマイヤ（個人カマイヤ）」と呼ばれ、その名の示すごとく、一人だけが単独で地主とカマイヤ契約を結ぶ。「地主の拘束が厳しく他の仕事に就く機会がない」「重い労働負担に比べて報酬が少ない」といったマイナス面はあるが、特殊な職業技術や家畜などの生産手段をもたない者にとっては、自分の身一つだけでも契約を結ぶことができ、しかも作柄の良し悪しに関係なく一定の取り分が保証されるプラス面もある。だから、家族の人数が多く人手が余っている再定住民の世帯は、誰かが年間契約でエク・サロ・カマイヤとして働きに出ているケースが少なくなかった。

もうひとつは「ブクラヒ・カマイヤ（家族カマイヤ）」と呼ばれる。これは家族ぐるみで地主とカマイヤ契約を結ぶもので、地主の土地に用意された小屋に家族全員で住み込むことが条件とされる。これは再定住民たちにとって、最後で最悪の選択だった。というのは、この契約では最低丸一年間は家族全員が自由を奪われ、他の仕事に就くチャンスがまったくないからだ。しかも、報酬が非常に少ないため、家族の誰かが病気になったりして現金が必要になったときは、地主に借金する以外に方法がない。そうなったら最後、債務労働者へと転落し、再びその地位から這い上がることはほとんど絶望的になる。

再定住民たちは毎年食糧の蓄えが乏しくなり、どうしても飢えに耐え切れなくなると、高利で危険だとわかっていても地主からカウレヒを借りるしかない。そして、この借金を期限までに返し切れなかったとき、地主は制裁としてブクラヒ・カマイヤ契約を結ぶことを要求した。つまり、再定住民たちにとって地主からカウレヒを借りることは、債務労働者に転落する危険と隣り合わせになることを意味する。だからこそ、ジャガッドがカリラムを訪ねたとき、彼の家族は丸三日間まともに食事をしていないにもかかわらず、債務労働者になりたくない一心で、じっと飢えに耐えていたのだった。

私たちは、どうしたら再定住民の生活を向上させられるかに気を取られていた。だが、住民たちにとっては、カマイヤ、賃金労働者、分益小作人の区別はさして重要ではなく、どうしたら債務労働者に転落しないですむかが最大の問題だったのだ。

最初の実り

その後ジャガッドは、ハライヤ村とカイレニ村のケルに頼んだ。

「それぞれの村で食糧不足に陥りやすいのはどの世帯かを調べ、インドラの提案したグループ活動に参加する意志があるかどうかを確認してほしい」

参加する世帯が決まったことがケルから伝えられると、ジャガッドはもう一度村を訪ねて、メンバーたちが活動の目的を理解しているか、自分たちの基金ができるまで活動をやりとげる意志が本当にあるのかを確認した。そして、どのメンバーがいくら借りるか、利子はどれくらいにするか、返済期限をいつにするか、誰がメンバー全員の返済分を集めてＳＰＡＣＥに返しに行くかなど、すべてグループのメンバーが自分たちで話し合って決めた。そのため、ハライヤ村とカイレニ村とではグループのルールがかなり異なったものになったが、彼はそれぞれのグループの決定を尊重することにした。

九八年八月、ハライヤ村とカイレニ村で一五人から成るグループ（「カウレヒ・グループ」と名づけられた）が一つずつ結成され、ＳＰＡＣＥから最初のローンとして計二万五六〇〇ルピー（約五万一二〇〇円）が支給された。メンバーが受け取った額は、各人の必要度に応じて八〇〇ルピーから三〇〇〇ルピーまで。原資にはこの年から使途無指定で配分されていた予備費が充てられ、返済期限は翌年三月末とされた。

前述のとおり、この年の終わりにＳＰＡＣＥは五カ年計画案をシャプラニールに提出したが、そこにはカウレヒ・グループについては盛り込まれなかった。ジャガッドたち現地スタッフにしてみれば、住民たちによる海のものとも山のものともわからないこの試みを長期計画として提案するだけの確信がまだなかったのである。

五カ年計画が三カ年計画へと短縮され、シャプラニール東京事務所の承認を受けてから一カ月後の九九年三月、二つのカウレヒ・グループはどちらもＳＰＡＣＥから借りたローンを約束どおり全額返済した。それだけではない。インドラのアイデアどおり、それまでは地主に持っていかれていた利子分が、住民たちのものになった。その額は一万ルピー以上。住民が自ら提案し、実行した活動が、最初の実りをもたらした瞬間だった。

事務局長の困惑と確信

ところで、こうした一連の経緯について現場から報告を受けていたはずの事務局長ドゥルバは、なぜすぐに私に知らせなかったのだろうか。

カウレヒ・グループについて初めて現場から報告を受けたとき、ドゥルバは「困惑した」と言う。その活動内容が彼が思い描いていたことと、ことごとく食い違ったからである。彼はバルディヤ郡の活動について自分なりのビジョンをもっていた。それは、SPACEが過去に他地域で行ってきた活動にはとらわれず、独自の内容にしたいということだ。

そのひとつは、「活動の主体を土着の住民組織ケルが担う」ことだった。きっかけは、二年前にドゥルバがバルディヤ郡での現地調査の再開のためにバドガー（村長）たちと話し合ったときである。村の祭事やもめごとの調停などに大きな役割を果たしていたこの土着組織が村の開発にも積極的な役割を果たせるのではないか、という意見を彼が述べたとき、バドガーたちが大変乗り気になったのだ。そして、彼はこう考えるようになった。

「SPACEは過去、どの地域でも新たに住民グループを結成して活動を進めてきた。しかし、すでに住民自身がつくった組織があるなら、そこが中心になったほうが、先住民族タルーの伝統やライフスタイルにより則った活動ができるのではないか」

ところが、現場からの報告では、ケルとは別に新たな住民グループがつくられていた。しかも、最初にまとまった額のローンを貸して後から返済してもらうところなど、シンドゥリ郡の「負債解消グループ」の活動にそっくりだった。そのため、ドゥルバは「この活動は、階層上昇支援がうまくいかなくなって焦ったスタッフたちが、住民たちに押し付けたものではないか」と疑ったのだ。

もうひとつ、ドゥルバが現場からの報告を素直に受け入れがたかった理由があった。それは、

「最初にできた二つのグループが期限までにローンの全額を返済した」という点である。同様な活動をしていたシンドゥリ郡では、グループ結成後に洪水が発生したこともあって住民からのローンの返済は思うように進まず、SPACEは何度も返済期限を繰り延べなければならなかった。ところが、バルディヤ郡ではたったの半年でローンの全額を返済しただけでなく、一万ルピー以上の自己資金を積み立てたと言うのだ。「そんなにうまくいくわけがない。何かおかしい」と思った。

そこで、自らバルディヤ郡に出かけて、実態を自分の目と耳で確かめることにした。すると、カウレヒ・グループのメンバーはもちろん、バドガーやその他の住民たちに聞いても、この活動は彼ら自身が話し合って決めたと言う。ローンを全額返済したのも、基金を積み立てたのも、間違いないと言う。何よりも住民自身の次のような証言が、この活動が彼らにとってどれだけ大きな意味があったかをはっきりと物語っていた。

「うちの夫はSPACEから八〇〇ルピー借りましたが、利子はかかりませんでした。もし同じ金額を地主から借りていたら、利子と合わせて二〇〇〇ルピーも返さなければなりません。今年は作物のできがあまりよくなかったから、返せずに借金は翌年に持ち越されたでしょう。そうしたらさらに利子がかかって、借金は五〇〇〇ルピーにもなってしまいます。そんなことになったら、いま住んでいる家と土地を手放さなければなりません。SPACEのおかげで本当に助かりました。だから、たとえ他の人がグループを辞めることがあっても、私はうちの人を絶対に辞めさせやしません」（カイレニ村のカウレヒ・グループのメンバー、ジャグビル・タルーの妻、バラ・K・チョード

リーの証言[6]
ドゥルバは、ようやくこの活動が「本物」であることを確信した。

計画の変更

以上のような経緯があったために、私に報告をするのが四月末までずれ込んでしまった、というのだ。説明を聞き終わって、私は言いようのない複雑な感慨に襲われていた。私やドゥルバの提案は住民たちからことごとく否定されてしまったが、その一方で住民たちは現場スタッフの力を借りながら、自分たちに一番必要な活動をいつの間にか始めていたのだ。私はドゥルバとジャガッドの二人に改めて尋ねた。

「君たちがいままでにバルディヤ郡の再定住民たちと進めてきた活動で、一番うまくいっていると自信をもって言えるのはどれだい」

「それは、たったいま話したカウレヒ・グループの活動だろうね」

「それなら、カウレヒ・グループへの支援を活動全体の中心にすえたらどうだろう。君たちが提案書を出してくれれば、僕が東京事務所に交渉する」

すでに予算措置まですんでしまった計画について、いまから変更を申し出ることは、現地側の責任者である私には正直言って気が重かった。しかし、住民たちがここまでつくりあげた活動をつぶしてしまうわけにはいかない。いまや私の役割は、東京事務所の説得にあった。

予想どおり東京事務所の反応は芳しくなかった。心配していた予算措置の問題は何とかなりそうだったが、三年もかけて準備した活動計画をほとんど実施もしないうちから変更したいという現場からの申し出に、とまどうのは無理もない。

東京事務所が私たちの提案に懐疑的だったのには、別の理由もあった。それはSPACEが住民グループに対して最初からローンを提供することにあった。シャプラニールには、かつてバングラデシュで住民グループに最初からローンを提供して失敗した苦い経験があった（三八ページ参照）。それだけに「住民グループ結成後一年間は、金や物の支援は一切行わない」という現在の自分たちの活動スタイルに対して、相当な自信とこだわりをもっていた。とくに元ダッカ駐在員で、その後東京事務所で働いていたスタッフたちには、ネパールからの提案は「住民に安易な依存心を植え付けるもの」と映った。

だが、ネパールの再定住民の状況はバングラデシュの土地なし農民のそれとは異なる。すでに暦は六月に入ろうとしており、食糧不足の時期は目の前に迫っていた。彼らにとっては二〜三カ月分の食糧をまとめて購入できるだけの資金がいますぐ必要なのであって、少額の貯金を積み立てていたのでは間に合わない。十分な金額が貯まる前に、飢えに耐え切れなくなって地主から借金をすれば、そのまま債務労働者へと転落しかねない。そうなったら最後、私たちが外から支援を行うことはほとんど不可能になる。一方、次の収穫までの時期を乗り切りさえすれば、彼らには何がしかの土地があるのでまとまった収入が得られ、SPACEにローンを返すこともできる。

何度もファックスでやりとりをした末に、ようやく東京事務所から計画の変更に対してOKの回答が示され、シャプラニールとSPACEは三年間の支援協定書に正式に署名した。時は九九年八月。そして、日本からは私の後任として岡山典靖氏が赴任してきた。

住民自身によるステップアップ

ほぼ五年間にわたった私のネパール駐在員生活が、幕を閉じようとしていた。再定住地ではこの年、新たに六つのグループが結成され、グループの数は計八つとなり、活動に参加している世帯は一二〇にまで増えた。私は引継ぎも兼ねて、帰国前にもう一度だけバルディヤ郡を訪ねておきたいと思った。SPACEに相談すると「村への訪問はむずかしいが、近くのネパールガンジまで住民たちに出てきてもらうことはできる」という。帰国を二週間後に控えた一〇月四日、私は岡山氏とともにネパールガンジに向かった。

このとき私たちが会った住民たちには、バドガーや識字学級に参加している女性たちも含まれており、個別に会合をもった。だが、もっとも関心をそそられたのは、やはりカウレヒ・グループのリーダーたちとの話合いである。岡山氏と私は、基本的にはオブザーバーとしてSPACEと住民たちとの話合いを聞いていた。そこであった非常に印象的なできごとを紹介したい。

この年、国境の向こう側の北インドで洪水があり、商人がネパール側の米を買い占めたために、バルディヤ郡一帯でも米の価格が急騰した。その影響で、カウレヒ・グループは前年よりも大きな金額を食糧購入にあてなければならなくなり、基金を積み立てる計画に遅れが生じていた。この問題にどう対処するかがこの日の議題である。あるグループのリーダーから動議が出された。

「このままでは、当初予定していた三年間では十分な基金が貯まりそうもない。SPACEのローン支給期間をもう一年延長してもらえないか」

他のリーダーたち数名がこの意見に同調し、話合いの流れは一気にそちらに傾きかけた。そのときだった。別のリーダーがおもむろに手をあげて、発言を求めた。

村の生活改善のリーダー的存在インドラ（左）。写真のトイレ設置もＳＰＡＣＥの援助に頼らず自主的に始めた〈撮影：サリル・スベディ〉

「いくら金を貯めても、翌年食糧を買うときまでただ置いておいたのでは、基金が増えないのは当たり前だ。それを元手に豚を肥育して市場で売ったりして、もっと基金を増やす努力を自分たちでもすべきだ」

このような意見がSPACEのスタッフではなく、住民の側から出たことに、私は驚いた。後から確認したところ、彼こそが、カウレヒ・グループの発案者であるインドラだった。この発言のおかげで、話合いの流れは「どうやってSPACEに問題を解決してもらうか」から、「どうやって自分たちで問題を解決するか」へと大きく変わる。

そして、最後には「今後各グループのなかで収入向上を目的に金を借りることを希望するメンバーには、食糧購入のときよりも低い利子で基金からローンを貸し出す」ことが決まった。この結論が出るまでの間、ＳＰＡＣＥのスタッフは話合いの流れを整理するために口をはさんだだけで、「利子をより低く設定することで、収入向上のためのローンの活用を奨励し、基金を貯めるスピードを速める」というアイデアそのものは住民の側から出された。

住民自身の提案から生まれたカウレヒ・グループは、こうして再び彼ら自身の提案によって、もうひとつ上の段階へと活動をステップアップさせたのだ。

「住民が自分たちで考え、やると決めたことから始める開発」

紆余曲折はあったが、とうとうそれが本当に実現したのかもしれない。

一〇月一七日、私は五年間を過ごしたネパールに別れを告げ、帰国の途についた。

(1)　正式名称 Communist Party of Nepal-Maoist（ネパール共産党毛沢東主義派）。ネパール西部を拠点とする非合法政党。王制の廃止と共和制の樹立などを求めて、一九九六年二月ネパール政府に対し「人民戦争」を宣言。以後、貧しい山岳地帯を中心に農民らの支持を得て勢力を拡大した。二〇〇二年三月までに国土の四分の一を支配し、政府軍との衝突で双方に計三五〇〇人の死者が出ている。中国の毛沢東思想に啓発されたと主張するが、直接関係はなく、ペルーの左翼ゲリラ、センドロ・ルミノソ（輝く道）などの影響を受けたと言われる。

(2) このマオイスト問題の影響による治安の悪化で、シャプラニールとCSDが西部丘陵地帯のサルヤン郡で実施していた農村開発プロジェクトは一九九八年一〇月より休止、その一年後の九九年一〇月には中止に追い込まれた。

(3) NPO法人の理事会に相当する。

(4) SPACE (1999), *Bardiya Community Development Program Annual Report 1998, May 1999.*

(5) 結局カリラムは、この年自分の農地の一部を売って食糧購入のための資金を工面した。地主に債務を負うことは免れたが、長年の苦労の末に手に入れた土地を手放さなければならなかった。

(6) SPACE (1999), op.cit.

第10章　成功？　それとも失敗？

五年ぶりの日本で消耗

日本に帰った私は、再びシャプラニール東京事務所のスタッフとして勤務する。だが、五年ぶりの日本での生活になかなか再適応できなかった。

万事がのんびりゆったりとしていたネパールと異なり、日本、とりわけ東京での生活は、めまぐるしいほど忙しい。もちろん、ネパールでも忙しいときはあったし、とくに地方に出張すると体力的にも精神的にもいろいろとつらいことはあった。だが、カトマンズではたいてい夕方六時までには仕事を終え、夜はゆっくりとくつろげる。一方、東京では八時よりも早く仕事が終わることは稀で、深夜一〇時、一一時にかかる日も珍しくなかった。忙しいのは仕事だけではない。道行く人びとはなぜ、こんなにも足早に歩くのか。レジの店員はなぜ、あんなにも急いで物を包み、お釣を渡すのか。そんなことがいちいち気になる。

物の洪水にも圧倒された。とにかく、どこの売り場に行っても、これでもかというほど商品が多い。シャンプー一つ買うにも、乾燥した髪用、油っ気の多い髪用、普通の髪用、コンディショナー入り、白髪染め入り、トニック入りなどなど。しかも、これらをいくつものメーカーが同時に出しているので、商品の数は何十種類にもなる。シャンプーといえばせいぜい三種類ぐらいしか置いていないネパールの店になじんでいた私は、日本のスーパーの陳列棚を見ているだけで頭がくらくらした。

私が日本での生活をなかなか楽しめるようになれなかったのには、もうひとつ大きな理由があった。それは私が一人暮らしをしていたためだ。

私がネパールでの任期を終えるよりも半年早く、妻はあるＮＧＯの職を得て、バングラデシュに赴任していた。かつて私がネパールに赴任したとき、妻がそれまで勤めていたシャプラニールを心ならずも退職しなければならなかったこと、私がそれを当然だと思い、それが私の女性に対する差別意識の現れにほかならないと妻から指摘されたことは、前に書いたとおりである。その罪滅ぼしをしたい気持ちもあって、私は、妻がバングラデシュでの仕事に就くかどうか迷っていたとき、数年間は別居しなければならなくなることを覚悟のうえで、「チャレンジしてみてはどうか」とむしろ積極的に勧めた。

だが、最初から一人だった独身のころと異なり、いったん二人で生活した後の一人暮らしは、想像していた以上に寂しさが募った。毎日朝から夜遅くまで仕事づくめで、疲れ切ってやっと自宅に帰り着いても、話をする相手もいない。都会で一人暮らしのサラリーマンなら当たり前だし、私も以前はさして疑問に感じなかった。だが、ネパールから帰ってきた私にとっては、こうした生活はあまりにも潤いがなく、耐えがたい。「これからは日本こそが自分の現場だ」と思って勇んで帰ってきた私だったが、実際には日本での生活に再適応できないままに、急速に消耗していく自分を感じていた。

カマイヤの解放と、私のとまどい

元気が出ない私をよそに、ネパールでの活動は順調に推移していく。帰国してから半年後の二〇〇〇年三月には、八つのグループの基金は合計五万六〇〇〇ルピー（約一一万二〇〇〇円）にまで増えた。私はカウレヒ・グループの成功をほぼ確信しつつあった。そして七月、突然、「カマイヤが解放された」というニュースが飛び込んでくる。

現地の岡山駐在員によれば、五月一日のメーデーに、バルディヤ郡の西隣にあるカイラリ郡で、同じ地主の下で働く一九家族のカマイヤたちが村役場に提出した一通の請願書から、ことは始まったらしい。その請願書は、債務の帳消し、最低賃金の保証、再定住用の土地を求めていた。これを受けて村役場は、その地主を交えて調停会議を開こうとしたが、当日地主は会議に現れない。そこで、カマイヤたちは請願書を郡レベルに持ち上げたが、郡庁は管轄外であるとして受取りを拒否した。村と郡の役所の間をたらい回しにされたカマイヤたちは、自分たちの要求を中央政府に直接訴えるべく、カトマンズへ向かう。

The Kathmandu Post

Nepal's Largest Selling English Daily

Vol. VIII No. 151 Kathmandu, Tuesday, July 18, 2000 (Shrawan 3, 2057) 8 Pages

Kamaiya system ends

Bonded labours freed from debts

By a Post Reporter

India plane crash raises safety issue

Weekly poll

Question for this week

カマイヤ解放を伝える『カトマンズポスト』紙の記事

これと並行して五月から六月にかけて、カイラリ郡とそのさらに西隣のカンチャンプール郡で、一六〇〇人以上のカマイヤが同様の請願書を提出し、「カマイヤ解放運動」は水平方向にも広がりを見せ始めた。この間ＳＰＡＣＥは一連の動きに直接は参加していなかったが、六月末ごろから現場スタッフのジャガッドやシュリラムらがカトマンズに上京。解放運動を支持する知識人やジャーナリストの集会やカマイヤとの意見交換会などに出席するようになった。こうしてカマイヤ以外の支援者も次第に解放運動に加わり、七月一三日からは国会前で一〇〇人以上のカマイヤたちによる抗議の座り込みが始まる。そして七月一七日、ついにネパール政府は宣言を出したという。

「本日をもってカマイヤ制度を廃止する。

これまでのカマイヤに対する債務は無効とする。以後カマイヤを雇用する者には刑罰を下す」

この知らせを聞いて、私は喜びよりもむしろとまどいを禁じ得なかった。これまでのＳＰＡＣＥの調査で明らかになったように、カマイヤにはさまざまな形態があり、そのすべてに共通する定義をつくろうとすれば、単に「一年単位の契約で働く農業労働者」とするしかない。しかも、これといった職業技術や生産手段をもたない者にとっては、時としてカマイヤは自らの労働力だけで最低限の収入が保証される唯一の雇用機会にもなる。それを「カマイヤ＝債務労働者」という思い込みで一律に廃止することは、その唯一の雇用機会を奪いかねなかった。

気になる点は、もうひとつあった。たとえカマイヤたちが現在の仕事を失っても、土地さえあれば自作農として生活していける。ところが、このときに出された政府の「カマイヤ解放宣言」では、再定住用の土地に関して一言もふれていない。農業労働者として働く道を閉ざされ、自作農として生きていく手段も与えられないとすれば、彼らはこれからどうやって暮らしていけばいいのだろうか。

この心配は、すぐに現実のものになる。解放運動の中心地であったカイラリ郡とカンチャンプール郡では、解放宣言直後から、地主の下を追い出されたカマイヤたちが行き場を失って避難民と化し、主要街道沿いの国有地を占拠し始めた。それまで何もなかった狭い土地に、大勢の避難民たちが着の身着のままで密集したため、食糧や水がたちまち不足し、生活環境は劣悪になっていく。

しかし、不用意に外から救援を開始すれば、すでに過密状態になっている避難場所にさらに多くのカマイヤたちを引き付ける結果になりかねない。周辺の一般住民も救援物資目当てにそれに加わって、収拾がつかなくなる恐れがあった。おもだった援助団体は、ネパール政府に対して、「避難民に対する救援活動を開始するには、政府による再定住用の土地の確保が前提条件である」ことを連名の文書で伝えた。

一一月に入ると、避難民と化していた元カマイヤとそれを支援するNGOは、解放運動の第二段階として、政府に対して再定住用の土地の供与を求めていく。

日本の私のもとに、岡山駐在員を通じて、SPACEが最近出版したという本[1]が届いたのは、ちょうどそのころだった。

NGOの役割と「政治的中立」

その本は、一九九六年から九七年にかけてSPACEがバルディヤ郡のカマイヤ再定住地で行った調査の結果をまとめたものだった。調査結果の出版は二〇〇〇年度の活動計画にもともと盛り込まれていたので、SPACEがすでにシャプラニールに提出した報告書をほぼそのまま編集したものと、私は思っていた。だが、実際に読み始めてみると、大幅な書き換えが行われていたのだ。それは、単に一般の読者向けにわかりやすく書き換えたというだけではない。編集作業が行われたのが、偶然にも今回の「カマイヤ解放宣言」の発令とその後の避難民発生の時期と重なったことが、本の内容に大きな影響を与えているように私には思われた。

その本のなかでSPACEは、今日のカマイヤの問題はネパールという国家が形成される歴史的なプロセスと密接にかかわっていると指摘したうえで、この問題を根本的に解決するにはカマイヤたちに再定住用の土地を保証する以外に方法はない、と強く主張していた。そして、NGOによる従来のカマイヤ支援活動を次のように鋭く批判する。

「NGOによるカマイヤ支援の最大の矛盾は、その活動すなわちグループづくり、貯金、ローンの貸付、識字学級といった活動には本当の債務労働者は参加できない、ということである。ある債務労働者のカマイヤは、私たちに次のように述べている。『私たちは一日中働かなければならない。そんな私たちがどうやったらNGOの活動に参加できるのか。NGOが支援しているのは、土地とか家などすでに何かを持っている者たちだ。だが、私たちのような債務労働者は何も持っていない』。NGOは、もっとも低い階層に属する人びとの問題を解決できていない。債務労働者のためと称される活動に実際に参加しているのは、分益小作人や賃金労働者などのように、より恵まれた立場にあるタルーの人びとである」

「もともとタルーの人びとの社会にあった『カマイヤ』が今日のような搾取的なものになったのは、ネパールが国家として統一されてからである。したがって、今日あるカマイヤ制度は、ネパールという国家が形成されていく政治的・経済的な過程で生まれたものである。それは、国家による不平等な土地配分と、もともとその土地を耕作していた人びとを追い出す行為から始まった。カマイヤの問題は、私たちの社会にある不平等な経済関係と不均衡な力関係の結果、生まれたものである。だから、この問題を解決するには、この不平等な力関係に介入しなければならない。ＮＧＯはそのような役割を演じられるだろうか」

「私たちは、カマイヤの問題は人びとの権利にかかわる政治的な問題であると考える。この問題の『政治性』が、政府のＮＧＯに対する態度についてさまざまな問題を引き起こす。政府によれば、ＮＧＯは政治的に中立でなければならないとされている。このような考え方に立てば、カマイヤのような問題に取り組めるのは政党や政治家であって、ＮＧＯではないということになってしまう。だが、ＮＧＯといえども社会組織である以上、まったく政治の問題にかかわらないわけにはいかない。ＮＧＯも『貧しく虐げられた人びとが社会の意思決定のプロセスに対する発言力を高めるための活動をしている』という意味において、政治の一部を成しているのである」

「私たちは、カマイヤに土地の権利を保証することによってしかこの問題を本当には解決できないと考える。ＮＧＯをはじめとする市民社会の役割は、この事実を広く世に知らしめ、この問題の解決に向けた運動をつくり出していくことにある」

私は衝撃を受けた。彼らの批判はＮＧＯ全体に向けられたものではあったが、その内容はそっくりそのままシャプラニールとＳＰＡＣＥの活動にも当てはまった。いや、特定の個人名や団体名こそ出していないものの、この本は私たちのこれまでのカマイヤ支援の姿勢そのものを自己批判するために書かれたのではないか、とさえ思えた。

成功？ それとも失敗？

カマイヤ再定住地で調査を始めた当時、私たちは再定住地での活動を「いまなお地主の下におかれているカマイヤたちに対する支援の道を探るための入口」と考えていたはずだった。だが、それから五年が経過したいまも、私たちは「入口」にとどまっている。再定住地に住む「分益小作人や賃金労働者などのように、より恵まれた立場にあるタルーの人びと」を支援しているにすぎない。私たちの支援は、「本当の債務労働者」には届いていなかった。

そしていま、カウレヒ・グループの成功の陰で忘れていた問題、すなわち土地問題が再び目の前に立ち現れていた。私たちは、土地がカマイヤのもっとも本質的な問題であることを調査のかなり早い段階でつかんでいた。しかし、カナラ委員会から支援の要請があったときシャプラニールは、「政治的に中立であるべき外国のNGOは、先住民族の土地獲得運動への支援はできない」として、この問題にかかわることを避けたのである。

もし、あのときカマイヤの土地問題に正面から取り組んでいたら、私たちは、今回の解放運動が債務の解消だけでなく再定住用の土地の確保をもめざしたものになるように、もっと積極的な役割を果たせたのではないだろうか。そうすれば、解放されたカマイヤたちが行き場を失って避難民になるようないまの事態も、回避できたかもしれない。

カウレヒ・グループの活動は、再定住民が「自分たちで考え、やると決めたことから始める開発」としては確かに「成功」した。だが、カマイヤ問題の解決という視点から見た場合、私たちの活動はむしろ失敗だったのではないか……。

「住民主体の開発」を見直したい

私が日本に帰国してから一年が経ち、後任の岡山氏に対して助言をしなければならないことはほとんどなくなっていた。一方、妻との別居生活は一年半が経過し、私はこれ以上一人暮らしを続けるのがつらくなっていた。それにもまして、今回のカマイヤ解放に至る一連のできごとやSPACEが本のなかで指摘した「従来のカマイヤ支援活動の矛盾」は、私がこれまでこだわってきた「住民主体の開発」の意味が何だったのかについて、根本的な見直しを迫っているのではないだろうか。バングラデシュはネパールからも近い。妻と二人で暮らしながら、これまで自分がやってきたことを、じっくり振り返りたい、と私は思った。

イギリス留学の期間も含めると、日赤に入社して以来一六年間ほぼ休むことなく援助の世界にかかわってきて、正直なところ疲れてもいた。自分が今後どういう方向をめざすのかはっきりしないままに、援助にかかわり続けるのはむずかしいだろう。

二〇〇〇年一二月、私は八年半勤めたシャプラニールを退職し、年が変わった一月一六日にバングラデシュへ向かった。

それから約一カ月半後の〇一年三月、私は久しぶりにネパールを訪れた。そのころシャプラニールとSPACEの間では、翌月から「三カ年計画」が最終年度に入るにあたり、カウレヒ・グループへの支援を今後どうしていくかについて検討が進められていた。カウレヒ・グループはその後も順調に基金を増やしている。ＳＰＡＣＥは、原資の提供を当初の計画どおり〇一年度から停止することを考えていた。しかし、支援を停止して本当にメンバーだけでグループ活動を続けていけるのか、メンバー自身の意見を確認しなければならない。

一月以後、バルディヤ郡でもカマイヤたちが大挙して地主の下を離れて幹線道路沿いの国有地や国有林を占拠し、避難生活を送っていた。ＳＰＡＣＥとしてこれらの新しい避難民たちにどんな支援活動ができるかを考える必要もある。

私は、バルディヤ郡に出張する岡山駐在員とＳＰＡＣＥ本部のスタッフに同行させてもらうことにした。そして、避難生活を送っている元カマイヤたちを訪ねて話を聞いたり、土地の再配分を担当している土地改革省の郡事務所や郡庁を訪ねて現在の政府側の方針を確認したり、郡内でカマイヤ支援を行う複数のＮＧＯスタッフらと話した。また、幸いこのころバルディヤ郡ではマオイストの活動が一時的に停滞しており、ＳＰＡＣＥによる再定住地での支援活動も開始から二年を過ぎて安定していたため、私たち日本人も再定住地の集落に入ることができた。私が再定住地の集落に入るのは、ラメッシュと直接交渉した九六年一二月以来、実に四年三カ月ぶりだ。

住民たちがグループづくりを担う動き

原資の提供を停止したあと、どのようにしてカウレヒ・グループの活動を維持していくか。ジャガッドをはじめとするSPACEの現場スタッフたちは、それまでに結成されたすべてのグループの連合体をつくり、一つの協同組合として政府に登録することを考えていた。だが、そうした試みはバングラデシュでもすでに複数のNGOによって行われ、ことごとく失敗していた。組織が大きくなれば、マネージメントや資金の管理方法が複雑になる。その変化が急であったために、メンバーがついていけなかったことが最大の原因である。

それを知っていた私は、ジャガッドたちの提案をすぐには納得しかねた。それ以上に私が不安に思ったのは、このアイデアが、グループのメンバーたちと話し合った結果生まれてきたのではなく、スタッフだけで考えたものだったからだ。私はジャガッドに言った。

「これまでカウレヒ・グループの活動が順調に進んできたのは、グループそのものがメンバー自身の発案で生まれ、活動の目的や方法をメンバーが完全に理解しているからだ。グループの今後をどうするかについても、まずメンバー自身の意見を聞いてみるべきではないか」

私たちはいくつかのカウレヒ・グループを訪ねて、メンバーたちに質問した。

「SPACEから原資の提供がなくなっても、活動を続けていけそうか。続けていくとすれば、どんな方法でやっていくのがいいと思うか」

はっきりとした意見をもっているメンバーは少なかったが、カウレヒ・グループの発案者でもあるインドラが「もしSPACEから原資の提供が停止されたら、グループのルールをこれまでとは変えたい」と言い出したので、私は興味をそそられた。

「へえ、どんなふうに変えるんだい？」

「いままでは、自分たちの基金からローンを借りられるのは同じグループのメンバーだけだったけれども、メンバー以外の住民も借りられるようにしたい。ただし、一人ひとりバラバラに借りるのではなく、自分たちがSPACEからローンを借りたときと同じように、まずグループをつくり、メンバー全員の連帯責任で借りてもらう。返すときにはある程度の利子もつけてもらう。このようにすれば、ローンを必要としている他の住民たちの役に立てるし、自分たちにも利子が入ってくるので、双方にメリットがある」

私は彼の発言の意味をよく考えてみた。文字どおりには「自分たちの基金を他のグループに利子付きで貸し出す」ということだが、この提案にはそれ以上の意味がある。インドラがどこまではっきり意識しているのかはわからなかったが、今後は自分たちが基金を外部に貸し出すことでグループづくりのプロモーターになる、つまりこれまでSPACEが果たしてきた役割を自分たちが担う、と言っているのだ。私は心の底から驚いた。

ジャガッドたちの考えが、たとえ「連合体」をつくるにせよ、既存のグループだけに活動の範囲を限定してしまうものであったのに対して、インドラのアイデアは自分たちが中心になって今後も活動を周囲に広げていこうとするものだった。それは、もはや期間や場所を限定して行う「プロジェクト」ではなく、住民自身の意志によって自己増殖的に拡大・発展する「運動」と言ってよい。

実際には、インドラたちがこのときまでに集めた基金は、他のグループに対してすぐに貸し出しを始められるほど大きな金額にまではなっていなかった。それでも、活動をどう進めていくかについては、もはやメンバーたちのほうがＳＰＡＣＥのスタッフより一段階深く考えているように、私には思われた。

混沌とした土地獲得運動

一方でＳＰＡＣＥとシャプラニールは、前年の「解放宣言」以降、新たに地主の下を離れた元カマイヤたちについて、幹線道路沿いの国有地で約四〇〇世帯が避難生活を送っている「バンガイ」と呼ばれる避難民キャンプに限定して、救援活動を開始することを考えていた。その事前調査のために、私たちはバンガイを含む四つの避難民キャンプを訪ねた。

いずれも狭い場所に避難民が藁やビニールシートを使って建てた粗末な小屋が密集し、ほとんど隙間もない。当面は、煮炊きの際の火が燃え移って発生する火災がもっとも心配された。加えて、雨季に入ると住居への浸水や不衛生な飲み水を原因とする病気、さらには蚊の発生によって起こるマラリヤや日本脳炎などの伝染病が予想される。

しかし、国連機関やＮＧＯなど援助団体は、ネパール政府に圧力をかけるため「元カマイヤが再定住用の土地を確保するまでは、救援活動は行わない」という共通の方針で動いていた。避難民に対する援助は、ビニールシートの配布やキャンプ一カ所あたり数本の井戸の掘削といった最小限のものを除き、行われていなかった。また、キャンプには「あわよくば自分たちも土地の交付にあず

バルディヤ郡バンガイの避難民キャンプ〈撮影：岡山典靖〉

かろう」と期待する人びとがカマイヤを偽って多く混じり込んでいるという。そのため、援助を開始すれば彼らがさらに大量に移動してきて収拾がつかなくなるというのも、援助を行わない理由のようだった。

このような状況では、SPACEだけが単独で、しかも一つのキャンプだけに限定して救援活動を行うのは無理だし、あまり意味がない。

その避難民たちによる土地獲得運動は、混沌とした様相を見せていく。援助団体による圧力が功を奏したのか、私たちがバルディヤ郡を訪ねたとき、ネパール政府は元カマイヤ一世帯あたり最高五カッタ（〇・一七ha）までの土地の配分を開始していた。しかし、対象となる世帯のしぼりこみを九四～九五年、つまりカマイヤ解放宣言が発令される前に政府が各地区の区長から聞き取り調査をして集めたデータ（八七ページ参照）をもとに行っていた。当時の状況から考えて、地主は正確なカマイヤの数を区長に報告せず、カマイヤも自分から区長に名乗り出たりはしないケースが大半であったと思われる。したがって、実際のカマイヤ世帯数と政府側が把握しているカマイヤ世帯数との間に大きな隔たりが生じていた。

また、政府は、元カマイヤたちが再定住用の土地の交付申請をするに際して、カマイヤであったことを証明するため、元の雇い主であった地主の署名を条件にしていた。このような条件を設けたのは、政府が元カマイヤに再定住用の土地の交付を開始することを明らかにした途端、バルディヤ郡内のあらゆる政党が次の選挙での票の獲得をねらって、カマイヤでない人びとを含めた大量の申請者リストを政府側に提出し、混乱が生じたためである。だが、地主の多くは、政府の一方的なカマイヤ解放宣言への反発から、こうした書類への署名を拒否していた。結果的に、証明書の発給を受けられず、再定住用の土地の交付申請ができないカマイヤが、数多く存在した。

これに対して、避難民の土地獲得運動を支援しているＮＧＯは、一世帯あたり最低でも倍の一〇カッタ（〇・三四ha）の土地が必要であると主張。避難民に政府の土地交付制度には申請させず、バルディヤ郡内の国有地を占拠させる戦略を取っていた。だが、綿開発公社の土地を占拠した際に警察から強制退去させられたため、ちょうど私たちがバルディヤ郡に滞在していた時期に戦略を変更し、地主の土地を占拠させる方針を発表する。

しかし、この方針では当然ながら、カマイヤたちが不法侵入で逮捕されたり、地主からの暴力を含めた報復行為の対象となるリスクがいままで以上に大きい。果たして実際にどの程度まで地主の土地の占拠が行われるかは、不明だった。

改めてNGOの役割を考える

現地の状況はこのように混沌としていた。私が一番問題だと思ったのは、運動の当事者であるカマイヤたちに政府側からもNGO側からも正確な情報が提供されていないことだ。「あくまでも一世帯あたり一〇カッタの土地を政府側に求めていく」という方針にNGO側がこだわるには、それなりの理由があるのだろう。だが、SPACEがこれまで支援してきた再定住地の元カマイヤたちのなかには、五カッタ程度の土地でも十分自活しているケースも少なくない(2)。

あくまでも一〇カッタの土地の交付を求めるのか、それとも現在政府が行っている五カッタまでの土地の交付プログラムに申請するかは、個々のカマイヤ世帯が決めるべきだ。ところが、当のカマイヤたちは正確な情報提供を受けておらず、ただ言われるままに今日はこっち、明日はあちらという具合に、NGOからデモに動員させられていた。

七～八月までに一〇カッタ以上の土地が交付されれば、現在のNGOの方針で問題はない。しかし、それ以降に問題の解決がずれ込んだ場合、居住環境や病気発生の心配に加えて、食糧不足という深刻な問題が避難民キャンプに発生することは必至だった。

運動を支え、ときには住民と政府との仲介役を演じるべき立場にあるNGOは、自分たちの主張だけでなく政府側の動きも含めて、まず正確な情報を当事者であるカマイヤに提供する義務があるのではないか。そして、ある程度長期的な見通しも立てて、将来予想され得る問題に対しては手遅れにならないよう早めに手を打ち、もうこれ以上は持ちこたえられそうもないとなったら積極的に政府との仲介の労を取ることも必要ではないか。いままで再定住民とともに活動してきたSPACE、土地の権利を回復する以外にカマイヤ問題の解決はあり得ないとあれほど強く主張したSPACEこそ、そのような役割を積極的に果たせるのではないのか。

再訪した村での語り合い

岡山氏とSPACE本部のスタッフがカトマンズに引き上げた後も私はバルディヤ郡にもう数日残って、かつて訪ねた集落を再訪することにし、ハライヤ村を訪ねた。かつてREFLECTを見せてもらった、あのハライヤ村である。

村に着いた私は、すっかり見違えるほどに美しく整備されていることに驚いた。六年前にケシャブと初めて訪れたときには、人びとは移り住んできたばかりで、家はほとんどが枯れ枝と藁だけを組み合わせたバラック同然のものでしかなかった。木はほとんど生えておらず、道はすっかり乾き切って埃が舞っていた。

それが、いまはどうだろう。村の中心を通る村道の両脇はきれいに植樹され、道の両側にはしっかりとした土壁と藁葺きやトタン屋根のこぎれいな家々が並んでいる。その前で、牛や山羊が干し

2000年のハライヤ村。人びとの暮らしもすっかり落ち着いた様子で、見違えるほど美しい村になった〈撮影：サリル・スベディ〉

草をのんびりと食んでいた。それだけではない。村の中心には、小さな学校や日用品を扱う雑貨店すらできている。

この村に私たちが支援したことといえば、識字学級と伝染病予防キャンペーン、そしてカウレヒ・グループに対するローンの支給くらいだった。だから、この変化は、ほとんどが村人自身の力によってなしとげられたものであると考えるほかない。私は改めて、自分たちの支援が村人の生活のほんの一部を占めるにすぎないこと、村人自身が人生を切り開いていく力は私たちの想像を超えてたくましいものであることを痛感させられた。

私は村のカウレヒ・グループのメンバーたちに集まってもらい、簡単なミーティングを開いた。そこで、前年のカマイヤ解放宣言後に新たに地主の下を離れた元カマイヤたちにどんな支援をしたらいいかについて、彼らの意見を聞いた。

「皆さんも知ってのとおり、政府が解放宣言を出してから、多くのカマイヤたちが地主のところを離れたり追い出されたりして、着の身着のままで避難生活を送っています。私の友人であるＳＰＡＣＥは彼らに何らかの支援をしたいと思っているのですが、どうしたらよいと思いますか。教えてください」

いままではＳＰＡＣＥに助けてもらう一方だったのに、今度は逆にＳＰＡＣＥを助けてほしいと言われて、彼らは一瞬「えっ？」とびっくりした表情を浮かべたが、私の言葉の意味を理解すると、カウレヒの問題を最初に指摘したあのカリラムがちょっと得意そうに意見を述べ始めた。

「この先、一番困るのは食糧だろうなあ」

「私たちもそうではないかと思っていました。でも、もしＳＰＡＣＥが避難民キャンプで食糧を配り始めたら、他の場所からも食糧目当てに大勢の人たちがキャンプに入って来て、収拾がつかなくなってしまうのではないかと心配しているのですが」

「なるほど、そりゃそうだ。もしこの近くのキャンプで食糧援助が始まったら、俺たちだってもらいに行くよ」（笑）

「私が思うには、いま避難民たちがおかれている状況は、かつて皆さんたちがカナラ運動を始めたときの状況によく似ているのではないでしょうか。だから、彼らがこれからどんな問題にぶつかるか、どんな支援があったら助かるかは、ＳＰＡＣＥよりも皆さんたちのほうがよくわかるはずです。だから、どんなことをしたらいいのかＳＰＡＣＥに教えてあげてください。お願いします」

　このとき、私はあることに気がついた。かつて私がここを訪ねたとき、女性たちと違って村の男性たちのなかには、「いつになったら支援を始めるのか」とか「何々に援助してほしい」と言う者が少なくなかった。私のほうは、そういう話題が出ないように、直に彼らと言葉を交わすのを避けることが多かった。だが、このときの彼らは、まったくそういう様子がない。きっと、私がもはやシャプラニールのスタッフではなくなったので、自然と援助者としてではなく振舞うことができたし、彼らも私を援助者としてではなく扱ったのだろう。考えてみれば、私自身がこのように村人たちと直に語り合い、笑い合ったのは、このときが初めてであったように思う。

援助が規定する関係性

　その日の夜、私はジャガッドが家族と住んでいるバルディヤ郡の家で、この本の取材のために彼にインタビューをしていた。再定住地で調査を始めたころから始まって現在に至るまでについてひととおり聞き終わった後で、話題は今後のことに移った。話を聞けば聞くほど、ジャガッドたちは避難民たちの土地獲得運動を支援したがっている。そんな彼らが、どうしてたった四〇〇世帯に限定した救援活動を行う提案をシャプラニールに提出したのか、わからなかった。私は思わず彼に尋ねていた。

「君たちはこれまで、カナラ運動の再定住民と非常によい関係を築いてきた。このことこそＳＰ

ACEの最大の財産だと思う。いま国有地で避難生活を送っている元カマイヤたちの状況は、かつて一〇年前にカナラ運動を起こし、国有林を占拠した人びとの状況と多くの共通点がある。いまの避難民は、カナラ運動の再定住民たちの経験からきっと多くを学べるだろう。どれだけ効果があるかもわからない救援活動をたった四〇〇世帯だけに行うなんて計画を立てないで、どうして再定住民たちと避難民とをネットワークするような、もっとダイナミックな運動への支援を提案しないのか」

それに対するジャガッドの返事は、私がまったく予想もしていないものだった。

「だってシャプラニールは、土地獲得運動への支援はしてくれないじゃないか」

そして、ジャガッドは彼らがなぜ今回あのような救援計画をシャプラニールに提出したのかについて、理由を説明し始めた。

ジャガッドたちは最初、SPACE本部に提案した。

「土地獲得運動にかかわるカマイヤ、NGO、政府間のネットワーキングの要にSPACEがなることをめざして、今後の活動全体をつくり直そう」

しかし、SPACE本部からは、「土地獲得運動のためのネットワーキングでは、シャプラニールから支援を受けられない」として、「もっとわかりやすい限定的な救援計画をつくるように」との指示が現場スタッフに出された。今回の救援計画が提出されるまでには、そのようなやり取りが現場とSPACE本部との間であったと言うのだ。

私にとってさらにショックだったのは、このような経緯を、彼らが私の後任の岡山駐在員にまったく知らせていないことだ。ジャガッドが私に話したのは、私がもはやシャプラニールの職員ではなく、何を話しても援助の停止や減額につながる恐れがないからだった。

シャプラニールとSPACEの間には、確かにカナラ運動への支援の是非をめぐって意見の対立があった。しかし、その後SPACEのほうからラメッシュの居住する村を活動地からはずす提案が出されたこともあって、あのときカナラ委員会を支援しない決定を下したことについてはSPACE自身も納得したと思っていた。その後、カウレヒ・グループを活動の中心にすえるにあたって、私は自分の意見を現場に押し付けるそれまでの態度を改め、現場からの提案を活かす役割に徹したつもりだった。だから、SPACEの現場スタッフにとってシャプラニールは、「何でも言えるパートナー」になれたのではなかったのか。

だが、活動資金の全額を提供することによって「援助する側」に派生する「プロジェクト生殺与奪の権力」（実際、私はその権力を使ってカナラ委員会への支援を拒否したのだった）は、私が思っていたよりもはるかに深刻に、「援助される側」のSPACEには感じられていたのだ。かつて自分の下した判断が、SPACEにこれほどの後遺症を与えていたことに、私はショックを受けた。

援助を介して取り結ぶ関係は、必然的に不平等なものにならざるを得ないということを私は思い知らされた。

もうひとつの意外な知らせ

私を驚かせたのは、それだけではない。私は今回の「カマイヤ解放運動」は誰が仕組んだものでもなく、一九家族のカマイヤによる請願書の提出がきっかけになって、それを現地のNGOや人権活動家、ジャーナリストが後押ししたことによって自然に雪だるま式に広がった、という説明を受けていた。ところが、ジャガッドによれば、この解放運動が最終的に政府による「解放宣言」に結びつくには、ある外国のNGOが非常に重要な役割を果たしたというのだ。

その外国のNGOとはアクション・エイド。そして、そこで中心的な役割を果たした人物の名はケシャブ・ゴータム。SPACEの前事務局長で、バルディヤ・プロジェクトの生みの親であり、カナラ委員会への支援をシャプラニールに訴えながら、その実現を見ることなくアクション・エイドに去った、あのケシャブだった。

（1） SPACE (2000), *Issues and Experiences: Kamaiya System, Kanara Andolan and Tharus in Bardiya.*

（2） おもに当該世帯の構成人数による。

第11章　「開発プロジェクト」を超えて

ケシャブは当時、すでにアクション・エイドから新たな任務を得て中国に赴任しており、会うことはできなかった。私が彼と再会して詳しく話を聞いたのは、半年後の二〇〇一年一〇月。ダサインと呼ばれるネパール最大の祭日のために彼が一時帰国したときだった。以下は、そのときに彼から聞いた話の再録である(1)。

プロジェクトからアドボカシーへ

ぼく(=ケシャブ)がSPACEから移るより少し前から、アクション・エイドは、それまでのセクターアプローチ(教育、保健、収入向上など分野別に活動を進める方法)では地域全体の開発への取組みが効果的にできないという反省に立って、ジェネラルアプローチ(開発に関する問題を総合的な視点から考える方法)へと方向転換を進めようとしていた。その一環として調査・研究部が新設され、ぼくが部長に就任する。ぼくらは部の名称を政策・研究・アドボカシー部に変え、「人びとが権利を獲得していくこと」をより意識したロビーイング活動を行うことをめざした。
具体的には、当面の優先課題として債務労働者、森林伐採、女性差別、カースト差別の四つを取り上げた。そして、これらの問題がもっとも深刻な地域で、実際に何らかの社会運動（ムーブメント）を起こすことを目標に、活動を進めていく。

このうち債務労働者の問題については、一九九六年から九八年までの二年間に、「なぜ人は債務労働者になるのか」をテーマとした会議やセミナーを、フィールドワーカー対象に何回か開催した。だが、こうした会議を何回開いても、実際のアクションにつながる動きは何も生まれない。部員の間から「理論ではなく、何らかのアクションを自分たちで起こすべきだ」という声が出てきた。

そこで九九年に入ると、インドからジョン・サミュエルという講師をカトマンズに呼んで、幹部スタッフを対象に、アドボカシー全般に関する四日間のオリエンテーションを開いた。このオリエンテーションで社会運動の基礎を学んだぼくらは、次のステップとして、運動に実際にかかわっている活動家を呼んで、より具体的なノウハウを学ぼうと考えた。そして三カ月後、インドで債務労働者の解放運動に長らくかかわっているヴィヴェック・パンディットという人物に連絡を取った。ぼくはその四年前にインドで彼に会い、その取組みに強い印象を受けていたからだ。

ネパールにやって来たヴィヴェックはぼくらとともに、極西部のカイラリ郡とカンチャンプール郡に住むカマイヤを訪ねた。アクション・エイドがこの二つの郡で、以前からいくつかの現地NGOをパートナーにしてカマイヤ支援を行っていたためだ。これらの現地NGOは、君とぼくがかつてラジャプールで遭遇した団体と同じように、地主によって運営されていたが、彼らに雇われている「本物の債務労働者」に会うためにはかえって幸いだった。

リスクを引き受けられるか

ヴィヴェックはカマイヤたちに迫った。

「債務労働者の問題は、君たち自身の問題だ。誰かよその人が解決してくれるのを待っていても、状況は何も変わらない」

「いままでにも政府やNGOが何度も君たちに会いに来たが、何かが変わったか。何も変わらないではないか」

「このままでは、あなたたちの子どもも孫も、いまのあなたたちと同じ境遇に一生留め置かれてしまう。それでもいいのか」

「このような搾取に対して、君たちはノーと言えるか」

「この状況を変えられるのは君たちだけだ。地主や警察などからさまざまな妨害やいやがらせを受けることもあるだろう。だが、そのリスクをまずあなたたちが引き受けなければ、何ごとも始まらない。あなたたちにはそのリスクを引き受ける覚悟があるか」

それは、そばで聞いているぼくでさえも魂を揺り動かされるような話だった。もちろん、地主たちはこの話をまったく気に入らなかったけどね（笑）。カマイヤたちはヴィヴェックと会ったことで、初めて「この問題は自分たちが解決するしかない」と意識し始めたようだ。

その後、ぼくらとのミーティングでヴィヴェックは、いままでのアクション・エイドの「カマイヤ支援活動」が本当のカマイヤ解放に結びつくものではないことを、鋭く指摘した。

「アクション・エイドが行っている活動は、本当の債務労働者が参加できるものではなく、より恵まれた立場にいるタルーのためでしかない。一日中地主のための労働に拘束されている債務労働者には、そのような時間はないからだ」

カトマンズに戻ると、ヴィヴェックとぼくは、アクション・エイドとともにカマイヤ解放運動に加わってくれそうな現地NGOを探し始めた。最初に連絡を取ったのはINSEC（八八ページ参照）だ。ネパールで初めて包括的なカマイヤの実態調査報告を出版して債務労働者の問題を社会に知らしめるうえで大きな役割を果たしていたし、他の「開発NGO」と違って「人権」という視点からこの問題にアプローチしていたからね。

INSECは当時、カマイヤ制度を廃止する新たな法律の制定によってこの問題を解決しようと考えていた。だが、ヴィヴェックは次のように反論した。

「ネパールの憲法には『あらゆる形の強制労働は、禁止される』と、はっきりと書かれている。(2)何人も人身の自由を奪われることがないことも、はっきりと書かれている。(3)だから、カマイヤ解放のために必要なのは新たな法律ではなく、憲法に書かれている内容を政府に遵守させることだ」

そして、政府に憲法を遵守させるための運動を遂行するにはさまざまなリスクをともなうが、I

ＮＳＥＣはそのリスクを引き受ける覚悟があるか、と迫った。

だが、ＩＮＳＥＣにはそのリスクを引き受ける覚悟はなかった。ＩＮＳＥＣだけではない。ぼくらが連絡を取ったＮＧＯのどれ一つとして、このリスクを引き受ける覚悟を表明した団体はなかった。

どうやって行動を起こすか

こうなったらカマイヤ解放運動の前線に立つ活動家を自分たちで養成するしかない、とぼくらは考えた。そこでアクション・エイドのパートナーになっている現地ＮＧＯのスタッフら一五人を対象に、四日間のトレーニングを行った。テーマは、「国民の権利を守るために、どうやって既存の憲法や法律を利用するか」。それぞれが取り組んでいる問題について今後どのように政府へ働きかけていくか、具体的な行動計画をつくるのが目的だった。そして、参加者はそれぞれの活動地域に戻り、実際にその計画を行動に移し、三〜四カ月後にまた集まって結果を報告し合い、次なる行動に向けた計画をつくるためのトレーニングに再度参加するのだ。

カマイヤ問題にかかわっている参加者たちがこのときにつくった行動計画は、郡庁に対しカマイヤ解放の請願書を提出することだった。ところが、いつまで経っても請願書は提出されなかった。考えてみれば無理もない。前にも言ったとおり、彼ら自身がカマイヤを雇っている地主なのだ。そんな彼らが、本当に請願書を提出するはずはない。「まだ案文を検討中だ」「請願書はできたが、郡庁に提出するにはいまは時期がよくない」などと言って、のらりくらりと時間稼ぎをするばかりだった。

このころからぼくらの考えは、アクション・エイドのパートナー以外の現地NGOとの協調へと傾いていった。そこで浮上してきたのがBASE《ベース》だ。

BASEは、正式名称をBackward Society Education（後進社会の教育）という。八五年に五人のタルー青年たちによってダン郡で組織され、識字教育を通じてタルーの人びとの意識化を進めることを目的としていた。もともとダン郡出身でタルーの問題に関心があり、しかも識字のトレーナーでもあったぼくは、BASEが組織されたとき、初めてタルー自身によるNGOが生まれたと非常に喜んだ。ところが、その後、デンマーク政府が多額な援助を行うようになると、BASEは急速にその性格を変え、「ばらまき福祉」的な活動を行うようになり、ぼくの関心も冷めていく。それでも、BASEがタルーによって組織されているNGOである事実は変わらなかった。

それに、デンマーク政府からの援助をバックに急速に活動地域を拡大していく過程で、その受益者であるタルーの人びとのなかにBASEの支持者を確実に増やしていた。これは、ぼくらがめざしていたカマイヤ解放運動に必要な「人員の動員」において大きな役割を果たす可能性を意味する。

カマイヤ自身による請願書の提出

ぼくらがそんなふうに考えていた矢先の二〇〇〇年五月一日、BBCラジオのネパール語放送が突如として次のようなニュースを流した。

「メーデーの今日、ネパール極西部のカイラリ郡で一九家族のカマイヤが、債務の取り消しと法律で定められている最低賃金の保証を求めて村役場に請願書を提出しました。彼らはいずれも、元大臣でネパール会議派党員であるシバ・ラジ・パント氏の農地で働くカマイヤです」

いままでどんなにNGOに働きかけても実現しなかった請願書の提出が、ほかならぬカマイヤたち自身の手によってなされたというニュースに、ぼくは心の底から興奮した。そして、「いまこそチャンスだ」と思うと同時に、請願書の提出先が村役場であることに危惧を覚えた。というのも、村役場にはこのような問題を扱う権限は与えられておらず、せっかくの請願書が宙に浮いてしまう恐れが高かったからだ。

ぼくらは直ちにカイラリ郡に赴き、誰がこの請願書提出の背景にいるのかを探った。そして、ヤギャ・ラジ・チョードリーという一人のタルー男性にたどりつく。彼は三〇年近く前に、自ら二年間ほどカマイヤとして働いた経験があった。その間に地主に債務を負うことになり、行動の自由を奪われ、最低の生活条件で厳しい労働を強いられる。このままでは一生債務から逃れられなくなると悟った彼は、地主と交渉して、出稼ぎに行く許可を得て、ようやく借金を完済し、債務労働者の地位から抜け出した。

この経験を通じてカマイヤ制度の恐ろしさを実感したヤギャは、その後カマイヤを支援しているBASEの存在を知り、九二年に会員となる。数年後には、執行部のメンバーに選出された。BA

SEが変質するなかで、彼自身はカマイヤ制度を廃止する新たな法律の制定など待っていないで、可能なケースからどんどんカマイヤを解放するべきだ、と主張。自分と同じ村に住む元林野大臣の地主の下で働く一九家族をまず解放するという目標を立て、数年間にわたって彼らと接触した。そして、彼らの側にたって地主とのもめごとを解決したり、生活上の手助けをするなどして、信頼関係を築いていく。

この一九家族は、もともと一致団結していたわけではない。お互いの間でもめごとが起こることもあったし、地主の報復を恐れて、請願書の提出という直接行動に出ることへのためらいもあった。しかし、九九年になって、ネパールの農業労働者には一日八時間で最低六〇ルピーの賃金が保証されなければならないという決定がなされたことをきっかけに、自分たちにもこの権利が保障されるべきだという気持ちを強めた。そして、ついに五月一日に村役場へ請願書を提出する行動に出たというのだ。

ぼくらは、請願書の提出先を村役場から郡庁へと変更するようにヤギャを説得した。そして、ぼくらがその説得を行っていたちょうどそのころ、それまでカマイヤ支援にかかわっていた一七のNGOが新たに「同盟」を結成し、委員長にBASEのディリ・チョードリー事務局長が選ばれる。以後ぼくらは、彼をカマイヤ解放運動の前面に出すこととした。

再定住用の土地の交付を求めて座り込みをする元カマイヤたち

郡庁そして首都、国会へ

五月中旬、ヤギャたちは同盟のメンバーらとともにカイラリ郡庁に赴き、請願書を提出しようとした。ところが、郡庁は「管轄外である」として受取りを拒否する。この郡庁の判断が結果的に、その後カマイヤ解放運動を急速に拡大させていく。というのも、「法律の遵守を求める債務労働者の請願書を、郡庁が『管轄外である』と言って受取りを拒否した」ことが、ＢＢＣをはじめとするマスコミによってネパール全土にセンセーショナルに報道されたからだ。

この報道がなされると、すぐにぼくらは、カマイヤ問題に関心を表明していたＮＧＯ関係者や人権活動家らに抗議デモへの参加を呼びかけた。そして、呼びかけに賛同した人びとがカイラリ郡まで移動するための交通手段を確保し、彼らがデモに参加している間の滞在費を援助した。カイラリ郡庁前でデモが始まると、マスコミがその様子をまたネパール全土に報道し、それを見た人びとがさらに集まるという具合に、その後はまさに雪だるま式に解放運動への参加者・支持者が拡大し、数千人規模にまで膨らんだ。請願書を提出したカマイヤたちはこのとき初めて、「自分たちは孤独ではない。こんなにも大勢の味方がいる」と、心から勇気づけられたと言う。

カイラリ郡庁前でのデモと並行して同盟は、それぞれの団体が支援しているカマイヤたちに、同様の請願書を郡庁に提出するように働きかけていく。その結果、四〜五日間に一六〇〇人以上ものカマイヤが請願書を提出した。このようなカマイヤ、NGO、人権活動家、政党、マスコミの一致した圧力に耐えかねて、カイラリ郡庁はついに五月末、最初に提出された一九家族の請願書を受理する。だが、郡の政策決定に影響力をもつ人びとはほとんどが地主であったため、受理こそされはしたものの、回答や具体的な対応はなされなかった。

ここに至ってぼくらは、中央政府レベルに請願書を持ち上げることを決意した。六月中旬、同盟はアクション・エイドの資金援助で一〇人のカマイヤをバスでカイラリ郡からカトマンズへと移動させ、マスコミにアピール。そして、七月一三日からは合同庁舎前の広場で抗議の座り込みを開始した。この模様もマスコミで報道され、首都に本部を置くNGOや人権団体の関係者、ジャーナリストらが座り込みに加わる。

一九家族のカマイヤによって始まった解放運動は、こうしておよそ二カ月半という短期間に村レベルから国レベルへと拡大していく。この間、運動のターゲットは絶えず「行政」にあった。この戦略を採用するにあたっては、ヴィヴェックの助言が大きかった。

「法律の施行にかかわる問題については、裁判所の判断を仰ごうとするのが一般的な考え方だ。だが、裁判には時間がかかるし、裁判官は総じて保守的である。この問題をもし裁判所に持ち込めば、結審するまでの間に、せっかく盛り上がった運動がエネルギーを失ってしまう。一方、行政は日々の問題に逐一対応するのが任務だから、その行政が対応をしぶれば、それがそのまま抗議の理由になり、運動のさらなる盛り上がりにつながる。誰のところに持って行くか、いつ持って行くかが重要だ」

だが、運動が中央政府のレベルにまで達したことで、動かない政府を動かすべく、国会をターゲットにする必要も出てきた。ここでＩＮＳＥＣが重要な役割を果たす。かねてから野党第一党の統一共産党と太いパイプをもっていたＩＮＳＥＣは、同党に所属する国会議員に働きかけ、請願書に盛り込まれているカマイヤの債務帳消しや最低賃金の保証の即時実施を政府に求める国会決議案を提出するように働きかけた。そのころ世論は圧倒的にカマイヤ支持に傾いており、「こうした決議案を提出すれば、統一共産党への国民の支持はいやがうえにも増す」と付け加えることも忘れなかった。

ただし、ここでぼくらは考えた。たとえ統一共産党から決議案が出されても、国会で過半数以上の議席をもつ与党ネパール会議派によって否決されてしまう恐れがある。最終的に政策の実施を決めるのは与党なのだから、与党を敵にまわすのは得策ではない。そこで、ディリが、かねてから懇意にしていたネパール会議派の幹部議員に接触し、統一共産党側がカマイヤ解放を求める決議案を準備中であることを伝えて、説得した。

「国民の支持を得るには、野党が決議案を提出する前に、政府が何らかの行動を起こすべきだ」

こうして、カマイヤたちがカトマンズで座り込みを開始してからわずか四日後の七月一七日、ネパール政府は「カマイヤ解放宣言」を発した。

八〇〇〇世帯が再定住用の土地を確保

ネパールのマスコミは政府の解放宣言を「歴史的な英断」と賞賛し、運動に参加したカマイヤたちも「勝利」の祝賀ムードに湧いた。だが、ぼくから見れば、この宣言はすでに憲法に書かれていることを追認したにすぎず、歴史的英断でも何でもない。むしろ、これをバネに運動を再定住のための土地獲得、さらには元カマイヤたちの生活復興へと発展させていくことが大事だ。ところが、「カマイヤの自由」という目標のもとに一致団結していた運動は、皮肉にもその目標を達成したことによって求心力を失い、その後は徐々に分裂に向かっていく。

最初の分裂は、「自由になったカマイヤの当面の生活をどう保証するか」への対応をめぐって始まった。ぼくらは、こう考えた。

「解放宣言を出したのが政府である以上、解放されたカマイヤの生活手段を確保するのは政府の責任だ。運動は、そのために政府に対して圧力をかけ続けるべきである」

しかし、一部のNGOは「元カマイヤたちが着の身着のままで避難民になっているのを、放っておくわけにはいかない。NGOは自ら緊急救援に動くべきである」と主張し、実際に活動を開始した。

その後、同盟は一〇月ごろから「解放運動の第二段階」として、元カマイヤの再定住用の土地を政府に求めて、幹線道路上での座り込みなどを開始。翌年一月からは、カイラリ郡とカンチャンプール郡で国有地を占拠した。両郡ではもともとBASEの影響力が強かったためもあって、現場での運動もスムーズに行われ、政府も元カマイヤたちに対して土地の交付を開始した。しかし、バルディヤ郡では他のNGOの影響力が強かったせいもあってか、BASEの呼びかけに対する反応は鈍く、同盟内部での方針をめぐる意見の対立もあり、運動は混迷していく。

〇一年一〇月現在で八〇〇〇世帯の元カマイヤがネパール政府から再定住用の土地の交付を受けたが、依然として数多くのカマイヤたちが避難生活を続けている。ケシャブは最後に次のように述べて、話をしめくくった。

「今回のカマイヤ解放運動は、憲法で保障されている自由を勝ち取るという意味では大きな成果を収めたと思う。もちろん、自由になったからと言って、それだけでカマイヤに関する問題がすべて解決したわけではない。再定住用の土地の確保については、依然として課題を抱えている。だが、カマイヤたちは二度と地主の下には戻らないと言っているし、そのためにはどんな仕事をしてでも自分たちで生き延びていくだろう」

私たちは正しかったのか

アクション・エイドがカマイヤ解放運動で果たした一連の役割を聞かされて、私は改めて「シャプラニールがやってきたことは何だったのだろうか」と考えずにはいられなかった。シャプラニールとSPACEのプロジェクトは、再定住民たちが再び債務労働者に逆戻りしないように、彼らの食糧不足の問題を自分たちの力で解決することに「成功」した。しかし、その成果は私たちが支援しているわずか数百世帯に限られていた。

もともと私たちは、再定住地をカマイヤ問題に取り組むための「入口」と考えていたが、最初の住み込み調査開始から六年が過ぎたいまでも、その入口から一歩も前に進めていない。もしあのとき、シャプラニールがSPACEによるカナラ委員会への支援に賛成していたら、私たちの活動はもっと早く「本物の債務労働者」の問題解決に貢献できるものになっていたのかもしれない。そして、SPACEも今回の一連のカマイヤ解放運動において、INSECやBASEに劣らない重要な役割を果たせたのかもしれない。

だが、SPACEは「開発プロジェクト」の範囲にとどまることを要求するシャプラニールに気兼ねして、とうとう最後までこのカマイヤ解放運動に身を投じられなかったのではないだろうか。

思わず私はケシャブに聞いていた。

「カナラ委員会への支援を行わないという、あのときのシャプラニールの判断は、間違っていたのだろうか」

しばらく考えた後、ケシャブは答えた。

「あのとき支援を行っていたらどうなったかは、自分にもわからない。ただ、最初から拒否するのではなく、少なくとも一度は支援してみる価値はあったのではないだろうか。カマイヤたちが自ら起こした運動を支援するという、稀に見る機会だったのだから。支援してもラメッシュの独裁的なふるまいが変わらず、新たな土地獲得運動がそこから始まらなかったもしれない。でも、支援を停止するのは、それからでも遅くなかったのではないだろうか」

私はこの言葉に肯かざるを得なかった。

では、いまのケシャブは、シャプラニールとSPACEがやってきた活動をどう評価するのだろうか。しばらくネパールから遠ざかっているケシャブに、私はSPACEのバルディヤ郡での活動の「成果」を説明したうえで、尋ねた。

「いまの自分には、あまりにもその効果が限定的なものに思えるのだが……」

彼はこう答えた。

「再定住民が債務労働者に逆戻りしないための仕組みを自ら考えて実行し、成功したというのは、とても大きな成果だと思う。二〇〇〇年七月の解放宣言以降新たに再定住した元カマイヤたちは今後、かつてカナラ運動で再定住した元カマイヤたちが遭遇したのと同じような問題に直面する可能性がきわめて高い。その意味で、君たちの五年間の経験ほど役に立つものはないはずだ。君たちの活動の成果が限定的なものにとどまるか、それともより大きな意味をもつものになるかは、この経験を今後どこまでカマイヤ支援にかかわるより多くの人びとと共有できるかにかかっているのではないだろうか。そのためには、ＳＰＡＣＥは自分たちのほうから打って出るべきだ。誰かが彼らのところに話を聞きに来るのを待っているべきではない」

（1）カマイヤ解放運動には、数多くの人びとの多様な思いや行動がかかわっている。ここで語られるのは、あくまでもアクション・エイドのケシャブ・ゴータムという人物から見たカマイヤ解放運動である。つまり、実際にはより複雑で大きなプロセスに関して、ある限られたパースペクティブに即して書かれたものであることに、読者はご留意いただきたい。

（2）第二〇条（搾取に対する権利）
（一）人身売買、奴隷制、農奴制またはあらゆる形の強制労働は、禁止される。この規定に対するいかなる違反も法律により処罰される（谷川昌幸訳『ネパール王国憲法一九九〇』ネパール研究会）

（3）第一二条（自由権）
（一）何人も法律による場合を除いて人身の自由を奪われることはなく、また死刑を定める法律はつくることができない。
（二）すべての市民は次の自由を有する。
(a)意見および表現の自由、
(b)平穏にかつ武器をもつことなく集会する自由、
(c)組合および結社を組織する自由、
(d)王国内を移動する自由、ならびにそのいずれかの地域に居住する自由、および
(e)いずれかの専門職、業務、事業または交易を行う自由（前掲(2)）。

第12章　NGOの存在意義を問い直す

いまも続く土地獲得運動

「解放」されたカマイヤたちによる土地獲得運動は、この原稿を書いている二〇〇二年九月現在も続いている。

私がケシャブと再会してから一カ月後の〇一年一一月、ネパールでは再びマオイストが攻勢を強め、政府は二三日にネパール全土に「非常事態宣言」を出すに至る[1]。政府は鎮圧のためについに軍隊を投入することになり、あわせて、表現や集会の自由など憲法で定められた基本的人権条項のいくつかが停止された。この影響で、NGOがカマイヤたちと接触して集会を開くことも困難になるなど、カマイヤたちを支援する環境は以前よりもさらに厳しさを増した。

その一方でネパール政府は、元カマイヤに対して、再定住用の土地の交付だけでなく、住宅建設用木材の配付、当面の生活を支えるための低利ローン支給なども開始すると発表した。ただし、対象となるのは相変わらず、「カマイヤであったことが証明できる者」に限られている。

政府の支援を受けられない元カマイヤたちはその後、密集状態での避難民生活をやめ、分散して国有地や公有地を占拠し、耕作するようになった。つまり、再定住の既成事実化を進めることで、占拠している土地の使用権を政府に追認させようとしているのだ。これはまさしく、かつてカナラ委員会が政府に土地の使用権を認めさせるために取ったのと同じ戦略である。

そのカナラ運動で再定住した元カマイヤたちに対してシャプラニールとSPACEが一九九九年から行ってきた支援については、〇二年三月をもって当初の三カ年計画が終了し、ネパール政府による評価が行われた(2)。その結果、カウレヒ・グループの活動が開始されてからは、再定住民のなかから債務労働者に逆戻りする者が一人も出ていないことが確認され、この点では高い評価を得た。

シャプラニールとSPACEは、〇二年四月までに新たな長期支援計画を策定する予定だったが、非常事態宣言下で将来の計画に関する住民側との話合いが十分にできない。そこで、とりあえず〇二年度の一年間だけ成人識字教育と保健衛生活動に限って活動を継続し、同年度中に翌年度以降どうするかについての結論を出すことになっている。二〇〇〇年七月のカマイヤ解放宣言以降新たに再定住した元カマイヤたちへの支援を行うための調査も、始める計画だ。これまでの再定住民支援の経験をどのように活かしていくか、またその経験をどこまでカマイヤ支援にかかわるより多くの人びとと共有していけるかが、今後の課題である。

「理解」と「感じる」の違い

カナラ委員会からの支援要請を断ったかつての私の判断は、間違っていたのだろうか。私自身はいま、次のように考えている。

当時の私は、「先住民族の土地問題」は開発ＮＧＯであるシャプラニールの守備範囲外であると最初から決めてかかっていた。その限界のなかで、いかに最良の「開発プロジェクト」を立ち上げるかだけに心を砕いていた。だが、ケシャブが言うように「一度は支援してみる価値はあった」のかもしれない。リーダーの言動に多少問題があったとはいえ、カマイヤが自ら始めた土地獲得運動の支援は、確かに「稀に見るチャンス」であったにちがいない。

カマイヤ解放宣言に至るまでのケシャブの動き方を見ると、必ずしも最善の状況や相手ではなくても、その時々でベストと思われる選択肢を選び、タイミングを逸することなく次の行動へとつなげている。目の前のチャンスをどうしたら活かせるか、私ももっと考えるべきだったのかもしれない。

たとえば、ラメッシュからの支援要請を断ったことは致し方なかったとしても、カナラ委員会の他のメンバーに働きかけるなどの方法を考えてもよかったのではないか。あるいは、カナラ運動に限定せず、カマイヤによる土地獲得運動全体を視野に入れて、他の可能性を探る方法もあったのではないか。カナラ運動以前にも、より小規模な形でカマイヤによる土地獲得運動が行われていたことは、私たちの調査で明らかになっていたのだから。

私は川口氏に、本書の草稿を見てもらった折に尋ねてみた。

「あのとき、カナラ委員会からの要請を最初から断るのではなく、一度支援してみて、その結果を見て判断するという方法もあったのではないでしょうか」

それに対して川口氏は、こう答えた。

「先住民族の土地問題にかかわるかどうかは、本質的な問題だ。一度支援してみて、うまくいかなかったから途中でやめるという中途半端なかかわり方はできなかったはずだ」

そうかもしれない。だが、仮に土地問題にはかかわれなかったとしても、ケシャブたちのように、ネパールの憲法で保障されている最低限の権利がカマイヤたちにも守られるように働きかけていくことは可能だったのではないだろうか。

ところが、実際には私たちの活動は、カナラ委員会への支援拒否を境に、地主の下に置かれている債務労働者の支援をめざしたものから、すでに地主からは自由になっている元カマイヤの再定住を促進するだけのものへと方向転換してしまった。もちろん、自由を手に入れた元カマイヤたちが債務労働者に逆戻りしないようにすることは、それはそれで意義のある活動にはちがいない。しかし、それと同時に、いまなお債務労働者の地位にある人びとをどうしたら支援できるかを、私は考え続けるべきであった。

では、なぜ、私は途中で債務労働者への支援をあきらめてしまったのだろうか。

私にはカマイヤへの関心はあったが、衝撃的な幼児体験をもつケシャブや、再定住地で長期間住み込んでいたジャガッドたちほどには、この問題に関して自らを強烈に突き動かす「直接的な原体験」が乏しかった。そのため、私は終始冷静に状況を分析し、その結果をもとに合理的に次の行動の判断を下そうとした。

確かに、冷静な状況分析も大切だ。しかし、困難な状況下で多少のリスクをも引き受けながら行動するだけのモティベーションを我がものとするには、私はまず一人の人間として再定住地の人びとと向き合うべきだったのではないだろうか。報告書の記述やデータから「理解」しようとするのではなく、彼らの怒りの声や涙から「感じる」べきだった。そして、私もケシャブやジャガッドたちと同じように、何よりも債務労働者の搾取の実態に憤るべきであった。その違いが結局、困難な状況を目の前にしたときのコミットメントの差となって現れたのではないだろうか。私にコミットメントがなかったとは思わない。だが、ケシャブと私とではその質とレベルが違ったのだ。

もっとも、これにはネパール人と日本人という立場の違いもあっただろう。遠い日本で生まれ育った私には、カマイヤにまつわる衝撃的な幼児体験をもつことなどあり得ない。日本人である私が再定住地に住み込めば、住民の思惑をかきたてるだけで、現場の活動にはかえって支障をきたしたかもしれない。

貧困問題と人権は切り離せない

それを承知のうえでだが、ケシャブと私がカマイヤ問題に対して異なる態度を取ったのは、単にネパール人と日本人という個人の国籍の違いだけが理由なのだろうか。

シャプラニールがカナラ委員会への支援を拒否したのは、「外国NGOが政治的な問題にかかわることはネパール政府から認められていない」というのが理由だった。しかし、ケシャブはネパール人でも、彼が所属していたのはあくまでもアクション・エイドというイギリスのNGOなのである。つまり、ここでは二つの外国NGOが一つの問題に対してまったく異なるアプローチを取っているのだ。

その後、私はアクション・エイドについて調べていくうちに、九九年ごろから、「貧困は人権の問題であり、貧しい人びと自らが基本的人権を獲得していくことによって解決されるべきだ」という方針を組織全体として打ち出していたことを知る(3)。

ここで言う基本的人権とは、「裁判を受ける権利」とか「拷問を受けない権利」といった政治的な権利だけでなく、「食糧に対する権利」「居住の権利」「雇用の権利」など、人が人として安全に暮らしていくために最低限必要な社会的・経済的な権利をも含むものである。そして、「これらの基本的人権を保障する責任はそれぞれの国の政府にあり、NGOの役割は政府がその責任を果たすように働きかけていくことにある」というのが、アクション・エイドの考え方だった。

アクション・エイドは貧困問題に関して、最初からこのように人権を重視する考え方をしていたわけではない。アクション・エイドが設立されたのは、奇しくもシャプラニールと同じ七二年だが、当時はむしろ慈善的な色彩の強い活動を行う団体だった。九〇年代に入って、「住民主体の開発プロジェクト」の実施に力を入れるようになる。だが、これらの開発プロジェクトは局地的には貧困層の生活向上に結びつくことはあっても、発展途上国全体として見れば貧富の格差はむしろ拡大する傾向にあった。

九〇年代末になってアクション・エイドが貧困問題に関して人権を重視するアプローチを打ち出したのは、「従来の開発プロジェクトを中心とする援助は、貧困を生み出している政治的・構造的な要因を看過しており、貧困問題の解決にとって真に有効ではない」という彼らなりの経験と反省のうえに立ったものである。つまり、アクション・エイドがカマイヤ問題に対してシャプラニールとは異なるアプローチを取ったのは、担当職員がたまたまケシャブだったからではなく、彼の一連の判断や行動を組織全体として後押しする体制ができていたからなのだ。

もっとも、二〇〇〇年七月のカマイヤ解放宣言に関しては、大勢のカマイヤがその後行き場を失って避難民と化し、その問題がいまも完全には解決していない事実を考慮に入れると、シャプラニールの場合とはまた異なる視点からの検証が必要であろう。とくに、こうした人権にもとづくアプローチでは、現地の実情をよく理解しないまま外部からの一方的な判断で正義を主張する危険性がつきまとう。すべてのカマイヤを債務労働者と同一視し、一律に「解放」してしまったために、自らの意思でカマイヤを雇用機会の一つとして選択していた者たちまで失業状態に追い込んでしまったのは、その一例であろう(4)。

それでも、シャプラニールとアクション・エイドという二つの外国ＮＧＯがカマイヤ問題に対してとったアプローチの違いは、カマイヤの場合に限らず「外部者は貧困の問題をどのようにとらえるべきか」「その結果として自らの役割をどのようにとらえるべきか」「貧困が明らかに当該国の政治的・構造的な要因によって発生しているとき、外部者はそれに対してどのような態度を取るべきか」という根本的な問題を提起している。

シャプラニールも含めて、開発協力にかかわるNGOの多くは、これまでもっぱら貧困の問題を人権とは切り離して扱ってきた。両者の間に関係があることはわかっていても、貧しい者を抑圧したり搾取する者に対して直接反対の声をあげるよりは、教育・保健・収入向上などの活動を通じて、まず貧しい者の生活防衛力を高めるという方法を取ってきた。その意味では、人権のなかでもとくに社会的・経済的な権利にしぼって、その保障に努めてきたと言うべきかもしれない。

だが、実際には、社会的・経済的な権利は政治的な権利と深く結びついている。カマイヤの場合がまさしくそうであったように、「発展途上国で暮らす貧しい農民たちにとって、土地への権利は彼らが生計を立てていくうえでもっとも本質的な問題であり、その意味で経済的な権利である。ところが、土地の権利は法律的な事柄であり、法廷において守られなければならない。その意味では政治的な権利でもある」(5)。このような場合、NGOは「政治的な問題にかかわることは相手国の政府から認められていないから」と言って沈黙していてよいのだろうか。

市民による「人道的介入」

こんなことをあれこれと考えていたとき、私は一冊の本に出会った。国際基督教大学平和研究所所長の最上敏樹氏が書いた『人道的介入』という本だ（6）。おもに取り扱っているのは「非人道的な状況に対して、外部者が正義のために武力行使をすることは認められるか」という問題だが、より根本的なテーマは「他国の人びとがいわれのない迫害に苦しめられているときに外部者はどう介入できるか」である。

この本のなかで最上氏は、「迫害者に対する懲罰を目的とした、国家による武力行使」にはさまざまな観点から疑問を投げかけている。その一方で、それに代わる「もう一つの人道的介入」として「犠牲者に対する救済を目的とした、市民による救援活動」を取り上げ、フランスのＮＧＯ「国境なき医師団（ＭＳＦ＝Medecins sans Frontieres）」を例にあげて、なぜＭＳＦの活動が「介入」と呼ばれ得るのかを次のように説明している。

「彼（女）たちの活動は、人道的救援のあり方を根本から変えた。とりわけ、ＭＳＦの二〇〇〇年度年次活動報告の冒頭でも強調されているように、『ＭＳＦはすべての関係当事者が認可を与えるまで行動を起こさない、というやり方を拒否する』という点においてである（MSF, 2000）。それは国家ではなく市民が介入をおこなうという、新しい活動形態の始まりだった。

当人たちが介入という言葉を積極的に使わないのに部外者が勝手に使ってはいけないかもしれないし、実際にこの団体の活動は国家の武力介入とは間違っても混同されてはならないものだが、しかし認可なしでも犠牲者にアクセスしていくというのは、まさしく『介入』にほかならない。武力的でなく非武力的であり、国家的でなく市民的であるが、相手国の認可を意に介さない点で『介入』なのである[7]」

実際にMSFはイラクのクルド人居住地域やアフガニスタンなどにおいて、相手国の認可を得ずに非合法に入国して、救援活動を行った「実績」がある。このような紛争時下の緊急救援とはもちろん状況が異なるが、もしシャプラニールがあのときカマイヤの土地獲得運動を支援していたとすれば、「相手国の認可を意に介さない」点で同じく「介入」とみなされる恐れがあった。このような介入が問題となるのは、それが相手国から「主権の侵害」とみなされる可能性があるからだ。しかし、NGOが相手国の認可を得ずに犠牲者の救済を行うことが本当に主権の侵害にあたるのか、最上氏は次のように疑問を呈している。

「救援団体の普通の市民たちが『主権を侵害』すると言えるかどうか、国際法の観点からはや疑問だが、比喩的に『主権を侵害した』と言うとすれば、その『主権侵害』によって相手国の行政機構が損傷されたわけでもなければ、その国の主権者たる国民たちが被害をこうむったわけでもない。しいて言うならば、自国民の面倒さえ見ることができず、かえってそれを迫害しているると決めつけられ、その国が面目を失うことはあるだろう。しかし、それがあえて守るべき主権であるかどうか、いまや多くの人が疑問を呈するようになっている[8]」

となれば、残る問題は、そのような非武力的で市民的な「介入」をNGOが行う積極的な意義をどこに見出すのか、どのような「介入」なら認められるのか、である。

ＮＧＯの存在意義

政府や国連機関が行う開発協力に比べてＮＧＯのそれは、従来「草の根の住民に直接役立つ」「住民の参加を重視する」「小規模だが小回りがきく」というような言葉で形容されてきた。だが、とくに九〇年代後半以降、政府や国連がそれまでの経済成長重視から、社会開発や貧困削減重視の傾向を強めるのにともない、これらはもはやＮＧＯの活動のみがもつ特徴ではなくなりつつある。さらに、近年では「ＮＧＯとの連携」が強調され、政府や国連機関がＮＧＯをパートナーにしてさまざまな開発プロジェクトを実施するようになったため、両者の活動の差異はますます曖昧になりつつある。(9)

政府や国連機関が貧困問題により強い関心を示し、その解決のためにＮＧＯと協力していく姿勢を打ち出していること自体は歓迎すべきだろう。しかし、そのような流れのなかで、ＮＧＯの存在意義とはいったい何なのだろうか。それは、政府や国連ではなかなか「介入」できない貧困の政治的・構造的な要因に対しても、沈黙を守ることなく抗議の声をあげ、その解決のために具体的な行動を起こしていくことにあるのではないだろうか。先に引用した本のなかで、最上氏は次のように述べている。

「人道救援ＮＧＯに限らず、社会的にインパクトを与え、多くの市民から支持を受けているようなNGOは、一般的に言って存在そのものがひとつの批判である。『国際自然保護連合（IUCN）』や『世界自然保護基金（WWF）』や『グリーンピース・インターナショナル』といった団体は、地球が破壊され生物種が減らされていくことに対する抗議の込められた団体だし、貧困救済のための『国際オックスファム』とか国際債務帳消し運動を進める『ジュビリー二〇〇〇』などは、有効な手だてもなされずに貧困が放置されていることへの抗議となっている。

『国境なき医師団（MSF）』とか『世界の医師団』といった団体は、武力紛争や貧困のせいで生命や健康を意味もなく脅かされている人々がいることへの、強い抗議である。人権擁護団体である『アムネスティ・インターナショナル』や『ヒューマン・ライツ・ウォッチ』などは、人間としての最も基本的な権利さえも奪われる人々がいることに対する、息長い抗議となっている。また『地雷禁止国際キャンペーン（ICBL）』や『インターナショナル・アラート』などは、卑劣な戦闘手段の禁止や武力紛争の防止に、国々がまじめに取り組もうとしないことへの抗議である。

それぞれに長短があり、賞賛もあれば批判もある。しかし、いずれの人間集団もそれぞれに、不条理な世界に抗議を込めて、市民として立ち向かう点で共通してはいるのではないか。市民としてというのは、国家という単位を跳び越えてということと、国籍を超えた連帯によってということの、二重の事柄を意味している(10)」

たとえ政治的・構造的な問題であっても、人びとがそれによって不条理な苦しみに苛まれているならば、沈黙することなく抗議の声をあげる。国家の枠にしばられず、だが、必ずしも国家的なもの（国家の権限や制度）を否定するのではなく、むしろ国家こそが公正な社会秩序を建設する責任を負っているはずだとして、その責任遂行を求めていく。ここにこそ、ＮＧＯの存在意義があるのではないだろうか。

もっとも大切な二つの問い

ただし、不条理な世界に抗議を込めて市民として立ち向かうためなら何をやってもかまわないわけではない。その際、私たちが忘れてはならないもっとも大切な二つの問いは、次の二つだろう。

「私たちが支援しようとしている当の人びととは、何を望んでいるのか」

「私たちの支援は、当の人びとがおかれている状況を本当に改善するのか」

カマイヤの例で言えば、当の人びとが債務の帳消し、最低賃金の保証、再定住用の土地を求めていたことが重要なのであり、シャプラニールやアクション・エイドは、自分たちの支援がカマイヤのおかれている状況を本当に改善するのかをよく検討する必要があったのだ。

シャプラニールが支援したカウレヒ・グループを通じた食糧購入ローンの提供は、すでに再定住用の土地を確保したカマイヤが再び地主に債務を負わないようにするうえで、効果があった。だが、その時点でなお地主の下に留め置かれていたカマイヤたちにとっては、債務の帳消しにも、最低賃金の保証にも、そして再定住用の土地の確保にも、役立たない。したがって、彼らの置かれている状況が改善されることもなかった。

一方、アクション・エイドが支援したカマイヤ解放運動は、その時点で地主の下に留め置かれていたカマイヤも含めて債務の帳消しには成功した。だが、カマイヤがあわせて求めていた最低賃金の保証（それには、前提としてまず「雇用の保証」を実現しなければならないが）については、状況を改善するどころか、かえって悪化させてしまっている。再定住用の土地については、一部は政府からの交付にこぎつけたものの、依然として土地なし状態のままになっている元カマイヤたちも少なくない。

カマイヤが求めていたことのうち、彼らのおかれている状況を改善するために何がもっとも重要であったかを考えれば、それが再定住用の土地であったことは明らかである。自作農として生計を立てていくのに十分な広さの土地さえあれば、最低賃金の保証を心配する必要はないし、地主に債務を負う心配をする必要もない。

しかも、彼らが求めていたのは、もともと彼らが先祖代々ジャングルを切り開いて開墾し、耕作し、その後よそからやって来た者たちに騙し取られた土地なのである。その彼らが、多くは父親以前の代から引き継いだわずかな借金が原因で、奴隷同然の扱いを受けていた。

このような不条理に対する抗議を込めて、国家という単位を跳び越え、国籍を超えた連帯によって、再定住用の土地の保証をネパール政府に非暴力的な手段を通じて求めていく。これこそ、市民団体としてのＮＧＯが第一にすべきことだったのではないだろうか。

どのような関係が求められているのか？

「私たちが支援しようとしている当の人びとは、何を望んでいるのか」と、「私たちの支援は、当の人びとがおかれている状況を本当に改善するのか」という二つの問いは、実は開発協力の現場においては、しばしばお互いにせめぎ合う。住民の要望にそのまま応えることが必ずしも状況の改善につながらないときもある。その一方で、住民たちの要望が適切であっても、私たちの側がそれに応えられない場合もある。双方の対話を通じて、住民とともに私たちも変わることで相互の一致点を見出していくプロセスが必要なのだ。

私がこの本を書き始めたのは、これまでこだわってきた「住民主体の開発」の意味が何だったのかを見直したかったからだった。しかし、よく考えてみると、「住民主体の開発」という言葉は、シャプラニールによるカマイヤ支援のプロセスを的確に表現していない。なぜなら、この言葉は「住民は何をするのか」のみを問題にしていて、私たちの側がまったく出てこないからだ。これでは、まるで私たちが無色透明な存在であるかのようだ。

実際には、私たちは無色透明であるどころか、さまざまな理念や思考のもとに住民たちとある「関係」を築きたいと願い、行動する存在である。したがって、ここで問題となるのは、「住民主体の開発とは何か」ではなく、「住民と私たちの間にはどのような協力関係があり得るのか」ではないだろうか。

ここで、カマイヤ再定住民の立場から、シャプラニール／ＳＰＡＣＥとの関係がどのように見えていたかを想像してみたい。

あるとき、シャプラニール／SPACEを名乗る者たちが現れて、彼らの土地獲得運動に深い関心を示した。そこで、ラメッシュはシャプラニール／SPACEに対して「土地獲得運動を支援する」という形のかかわり方を提案した。しかし、これをシャプラニールが断ってしまう。そのためラメッシュは怒ったが、他の再定住民たちはシャプラニール／SPACEとかかわり続けたいと思っていたし、どういうかかわり方だったら可能なのかを考えていた。つまり、シャプラニール／SPACEがどういう団体で、どういうことならできるのかを彼らなりに探っていたのではないだろうか。ちょうど、私たちが彼らの社会や生活状況を調査し、理解しようとしていたのと同じように。

そのなかでインドラは、「最初に食糧購入ローンを出してもらい、それを足がかりに貯蓄・運用のサイクルを自分たちでつくっていくということになら、シャプラニール／SPACEは協力できるのではないか。そういう自分たちとシャプラニールとのかかわり方がよいのではないか」と考えた、とも想像できるのではないだろうか。それは、実際にシャプラニールが同意できるような関係のあり方だった。

だから、シャプラニール／SPACEによるカマイヤ再定住民支援は、「住民が自分たちで考え、やると決めることから始める開発」というより、「お互いに相手といっしょに何ができるのか、相手方の事情の理解に努めつつ、よく考えてから始めた開発」といったほうがよい。なぜなら、再定住民たちにとって土地獲得運動と食糧購入ローンの違いは、「自分たちで考えたかどうか」ではなく、「シャプラニールといっしょにできるかどうか」という点にあったからだ。

そして、私がずっと気になっていたのは、「土地獲得運動も実はいっしょにできたのではないか」という点である。これも「(カマイヤにとって)住民主体の開発とは何か」ではなく、「私たちの間にはそういう協力関係もあり得たのではないか」という問いに端を発している。

発展途上国の住民が、いついかなる場合も「主体」であると認められるなら、「住民主体の開発」とは、要は、発展途上国の住民の立場や意見を重んじてかかわりながら開発協力を進めていくという、ごく一般的な倫理則を表現しているにすぎない。しかし、ここでいう「主体」がもっと特殊な意味や機能をもっている可能性もある。カマイヤの土地獲得運動への支援をシャプラニールが断ったように、「政治活動の主体」は現在の開発協力の枠組みにおいては通常「主体」として認められない。しかし、「将来に備えて、節約し、貯蓄し、資金運用をする主体」なら「主体」として認められるのである。

現在の発展途上国のように、好むと好まざるとにかかわらず開発の言説が圧倒的な力をもつ社会においては、住民が社会的なプロセスに参加していくためには、開発の言説が「主体」と認めるようなある特殊な「主体」に自分自身を変えていかなければならない、そうしなければ参加できない、というような状況が生まれているのではないだろうか。その場合、参加を阻んでいるのは、援助する側が求めるような「主体」へと変わることを拒否している住民であろうか、それとも援助する側にとって都合のよい「主体」以外は認めようとしない私たちであろうか。

カマイヤの場合に限らず、貧困という一見経済的な問題は、実は政治的・構造的な要因によって引き起こされている場合が少なくない。そのとき、住民たちはどのような関係を取り結ぶことを私たちに望み、市民としての私たちはそれにどこまで応えるべきなのだろうか。この問いに答えるには、「私たちはそもそも貧困をどうとらえるのか」や「その結果として自分たちの役割をどう考えるのか」も、合わせて考えていく必要がある。

私たちと住民たちのどのような関係のあり方が求められているのか。「貧困削減」が国連、ODA、NGOを問わず開発援助の共通の目標として謳われるようになった今日、この問いこそが私たちにもっとも問われているように思えてならない。

（1）非常事態宣言は当初、二〇〇一年一一月から〇二年二月までの四カ月間の措置と発表されたが、その後五月まで、八月までと二度延長された。

（2）ネパールでの活動を希望する外国のNGOは、ネパール政府のNGO担当窓口である社会福祉協議会（Social Welfare Council）と事前に協定書を結び、活動計画、予算、評価の時期などについて承認を得なければならない。評価については、ネパール政府がNGO側の合意を得て指名するコンサルタントや会計士によって、中間評価と最終評価の二回が行われる。政府が重視するのは、予算が適正に執行されているか、活動内容が政府の長期開発計画と整合性をもつかなどの点である。ネパールでは一九九〇年の民主化後にNGOの数が急増し、それにともなって会計上の不正行為や名ばかりで実体のない幽霊団体も増えたことから、このような評価を政府が行うようになった。

（3） Action Aid, *Fighting Poverty with Poor 1999–2002.*

（4） 二〇〇〇年五月一日に一九家族のカマイヤが村役場に提出した請願書は、もともと「債務の帳消し」「最低賃金の保証」「再定住用の土地」の三つを求めたものだった。それがどうして途中から「カマイヤの自由」を求める運動に変わったのかということが、私は以前から気になっていた。最近になって、ようやくその理由が判明した。解放宣言が出されたころネパールにいて、解放運動にも一部参加した藤倉達郎さんが、当時の体験をもとに書いたエッセイ(Emancipation of Kamaiyas: Development, Social Movement, and Youth Activism in Post–Jana Andolan Nepal, *Himalayan Research Bulletin*, vol. XXI: 1. 2001)を私に送ってくださった。それによれば、解放運動がいよいよ首都カトマンズをめざそうという二〇〇〇年七月初旬、運動に参加していたおもだった人びとを集めた会議がネパールガンジで開かれたという。その会議で進行役を務めたのがヴィヴェック・パンディットだった。アクション・エイドがインドから招いた人権活動家で、かつてケシャブとともにカマイヤたちを訪ね、「君たちにはリスクを引き受ける覚悟はあるか」と迫った、あのヴィヴェックである。この会議では運動の目標をどこに定めるかについてさまざまな意見が交わされたが、ヴィヴェックが「目標はカマイヤの自由でなければならない。地主の支配から解放されて初めて他の問題にも取り組むことが可能になる」と主張し、結果的にそれが採用されたのだった。

（5） Overseas Development Institute (1999), *What can we do with a right–based approach to development?* Briefing Paper 1999 (3) Sep.

（6） 最上敏樹『人道的介入――正義の武力行使はあり得るか』岩波新書、二〇〇一年。

（7） 前掲（6）、一六七ページ。

（8） 前掲（6）、一六八～一六九ページ。

（9） 一九九九年九月、世界銀行、ＩＭＦ（国際通貨基金）の主要関係国から構成される開発・暫定委員会は、それまでの「構造調整（Structural Adjustment）」に代わる新しい開発戦略として「貧困削減戦略ペーパー（Poverty Reduction Strategy Paper, 略称ＰＲＳＰ）」を打ち出した。これは「発展途上国の累積債務の解消を目的に一九八〇年代以降導入された構造調整が社会的弱者への配慮を欠き、かえって貧困問題を悪化させた」との批判に応えるべく考案されたものである。具体的には世銀・ＩＭＦが、重債務貧困国（Heavily Indebted Poor Countries, 略称 HIPCs）と認定した国に対し、債務の帳消しに応じる条件として、貧困削減を目的とした三カ年の包括的な経済・社会開発計画を提出するように求めるものである。ＰＲＳＰの基本原則としては①当該国主導、②結果重視、③包括性、④優先付け、⑤（当該国、援助国、ＮＧＯ、市民社会、民間セクターなどの）パートナーシップ、⑥長期的取組み、の六項目があげられており、これまでの対構造調整批判に応える形になっている。しかし、「作成のための準備期間が三年間と短いため、実際には世銀・ＩＭＦのスタッフが下書きして、途上国側がそれをなぞって提出するケースもかなり見られる」「最終的には世銀の理事会で承認されなければ債務は削減されないことから、途上国側は世銀・ＩＭＦの顔色をうかがいつつ作業を進めざるを得ない」「途上国側のみに制度改革を迫るだけで、ヘッジファンド規制や農産品輸入自由化などドナー側の痛みもともなう国際経済システム改革がセットになっていない」といった批判もある（『国際開発ジャーナル』二〇〇一年五月号九～一五ページ）。

(10) 前掲(6)、一七二～一七三ページ。

あとがき

住民主体の開発。過去一八年間にわたる海外協力の実践を通じて私が一貫して追い求めてきたテーマである。とくに一九九四年から九九年までの五年間、ネパールでかかわった債務労働者カマイヤへの支援プロジェクトは、私なりに住民主体の開発を実現できた活動だと自負していた。だから、駐在員の任期を終えるに際して本書の執筆を思い立ったとき私はこのプロジェクトを「成功事例」として紹介するつもりだった。

ところが、日本に帰国後、ネパールで事態はまったく予想もしていなかった展開をみせる。さらに現地で追加取材を始めたところ、新たな事実が次々と判明し、このプロジェクトが果たして本当に成功と呼べるものなのか、私は根本から見直しを迫られることになった。やがてその疑問は、単に一つのプロジェクトが「住民主体の開発」として成功であったか失敗であったかという問題を超え、「そもそもNGOの存在意義はどこにあるのか」という問いへと発展していく。

本書は、このプロジェクトの事前調査から、実施、評価、さらにはネパール社会全体から見た意義の検証について、できるだけ事実に忠実に、そのプロセスを記録したものである。その際、読者がプロセスの当事者である私の思考と経験、学びの過程を追体験する形で読み進められるように工夫した。

また、「私が何をしたか」だけではなく、「何をしなかったか」も、できるだけ正直に書いた。それらが、これから開発協力や援助にかかわる人びとにとって役に立つと考えたからである。

執筆にあたっては、実に多くの方々のお世話になった。とくに、再定住を果たしたカマイヤたち、そのカマイヤを支援するために共に苦労を分かち合ったＳＰＡＣＥのスタッフたち、カマイヤ解放運動の経験を詳しく話してくれたケシャブ・ゴータム、そして私を駐在員としてネパールに送り出し、支えてくださったシャプラニールの関係者ならびに支援者の方々に、心よりお礼を申し上げたい。

また、川口善行氏（東北公益文科大学教授、元シャプラニール事務局長）、下沢嶽氏（前シャプラニール事務局長）、中田豊一氏（参加型開発研究所代表）、野田直人氏（ＪＩＣＡ国際協力専門家）、藤倉達郎氏（シカゴ大学大学院博士課程）、和田信明氏（ソムニード・サンガム事務局長）には草稿に目を通していただき、貴重なコメントをいただいた。記して感謝したい。出版を快く引き受けてくださったコモンズの大江正章氏、装丁を担当してくださった林佳恵氏にも、心から謝意を表する。

最後に、開発援助の分野で仕事をする仲間であり、過去の経験を省察するという困難な作業を助け、その成果を他の人びとと共有することを勧めてくれたパートナー・田中雅子に感謝したい。

二〇〇二年一〇月

定松　栄一

【プロフィール】

定松栄一（さだまつ　えいいち）

1961年　兵庫県宝塚市生まれ。
1984年　青山学院大学文学部英米文学科卒業。
1991年　英国マンチェスター大学大学院修士課程修了（農村社会開発学）。

大学卒業後、1984年から日本赤十字社外事部（現在は国際部）に勤務。86年から88年までエチオピアに駐在し、開発援助における住民参加の問題と出会う。英国留学を経て、92年よりシャプラニール＝市民による海外協力の会に勤務。94年から99年まで同会ネパール駐在員として、現場で「住民主体の開発」の実践に取り組む。2000年末に同会退職。03年３月より㈳セーブ・ザ・チルドレン・ジャパンネパール事務所長。

共　著　『ＮＧＯが変える南アジア』（コモンズ、1998年）、『ネパールを知るための60章』（明石書店、2000年）、『開発学概論』（日本福祉大学、2001年）。
共　訳　『市民・政府・ＮＧＯ』（新評論、1995年）。

開発援助か社会運動か

二〇〇二年一一月一〇日　初版発行
二〇〇四年　二月二五日　２刷発行

著　者　定松栄一

発行者　大江正章
発行所　コモンズ
東京都新宿区下落合一-五-一〇-一〇〇二
TEL〇三（五三八六）六九七二
FAX〇三（五三八六）六九四五
振替　〇〇一一〇-五-四〇〇一二〇
info@commonsonline.co.jp
http://www.commonsonline.co.jp/

印刷・亜細亜印刷／製本・東京美術紙工
乱丁・落丁はお取り替えいたします。
ISBN 4-906640-58-3 C1030